經濟探險

面對未來挑戰的方針

The Age of Economic Exploration

Lester C. Thurow　著

楊雯琇　譯

「NEO系列叢書」總序

Novelty 新奇・Explore 探索・Onward 前進
Network 網路・Excellence 卓越・Outbreak 突破

世紀末，是一襲華麗？還是一款頹廢？
千禧年，是歷史之終結？還是時間的開端？
誰會是最後一人？大未來在哪裡？

複製人成為可能，虛擬逐漸替代真實；後冷戰時期，世界權力不斷地解構

經濟探險

與重組；歐元整合、索羅斯旋風、東南亞經濟危機，全球投資人隨著一波又一波的經濟浪潮而震盪不已；媒體解放，網路串聯，地球村的幻夢指日可待；資訊爆炸，知識壟斷不再，人力資源重新分配……

地球每天自轉三百六十度，人類的未來每天卻有七百二十度的改變，在這樣的年代，揚智「NEO列叢書」，要帶領您——

整理過去・掌握當下・迎向未來

全方位！新觀念！跨領域！

序言

雷斯達・C・撒羅

在現今失去平衡時代的經濟社會裡，憑藉以往的政策和策略，是無法發揮作用的，非尋找出和到目前為止所使用的不同的嶄新作法不可。這並非因為基於人們願意發生變化，乃是因為沒有其他選擇的餘地。顯然地，整個經濟社會已經不能再繼續步上陳舊過時之道。

日本在一九九〇年代初期，經歷了股票市場及不動產市場價格暴跌，日本的此一經驗，很顯然地正適用這個模式。在第二次世界大戰後的半個世紀期間，在日本對日本人而言能充分發揮功能的策略，但是到了現在卻變成無法發生作用了，在工業國當中，曾經以擁有最快速的成長率而自豪的經濟大國，現在卻成為成長率最緩慢的國家。在過去的時代裡，認為即使身負巨額的負債，只要能擴充廠房設備和市場佔有率，即能產生經濟的成功和強有力的競爭優勢。但是到了現在的時代，這樣的作法，卻只能產生弱點而已。

在失去平衡的時代，會同時產生機會和威脅。英代爾公司和微軟公司在電腦產業界，能達到有支配性勢力乃仰賴技術力，其技術力將ＩＢＭ公司從高居電腦業界執牛耳的龍頭寶座拉下來。機會和威脅其二者是相伴發生的。

共產主義內部的解體，對資本主義而言，雖然使得原來封閉的市場開放了，但是這同時也將導致以前實行輸出的國家其經濟成長的終止吧！例如，如果中國大陸開始了輸出的經濟活動，則其他任何國家就沒有參與輸出與中國競爭的餘地。那是因為唯有中國一國，能提供滿足工業世界所需的低工資、低成本的生產品。

在失去平衡時代的勝利者，不是能預言未來的人、企業和國家。預測未來是不可能的。在此時代的勝利者並非是去理解造成未來的勢力而去對抗那股勢力的人，而是能去理解該勢力且知道善加利用的人。

如果能理解這股新的力量，而能迅速改變自己行動模式的人則能成為這個時代的勝利者。在電腦業界能成為賺大錢的勝利者，並不是知道如何「組裝」（ＩＢＭ公司），而是知道如何轉移到「零件的製造」（英代爾公司）。勝利者要能辨識以前曾藉由長途電話而能獲得的利潤，現今已不復存在的事實。然後為了在新的領域能夠成為領導者的角色，也必須知道往往非破壞舊有的事物不可。對創造真空管的人們而言，半導體的導入意味著他們光榮時代要譜下休止符。對於站在直到目前為止的技術前端的人們而言，這是相當難以理解的事。美國的五大真空管的製造廠商，皆沒有成功地轉移到電晶體和半導體的製造。積極地自我破壞，然後再使自己蛻變重生一事，是極為困難的。

最終要能成為勝利者，要具備能勇於向探險挑戰特質之人。過去地理探險的時代，也正是如此；在未來經濟探險的時代也絕不能忘記此番精神。

導讀

楊雯琇

二十世紀末期，對全世界的人類而言猶如一場噩夢。全球歷經了二次世界大戰以後最嚴重的經濟不景氣。就連有世界經濟強國之美名的日本都無法免於這場經濟金融風暴之災。從九〇年代初的泡沫經濟瓦解至今，整體經濟的景氣就一直低迷不振，股票市場及不動產價格暴跌，失業率創下歷年新高，一直為人所稱頌的終身僱用制度也開始受到考驗而產生鬆動，這種種現象已造成人心的不安及政府高層的關切和緊張。

前日本首相橋本龍太郎雖然提出許多刺激景氣的金融改革方案，但是這些金融改革方案只是「頭痛醫頭、腳痛醫腳」，只能治標而不能治本。歸究其原因，就是這些改革方案都是只看「眼前」而漠視「未來」、缺乏遠見的短視近利的政策。

缺乏遠見不僅只是日本人的盲點而已，似乎全球的企業團體都陷入這種迷思之中。而這也就是為什麼雖然在世界各國一直有新政策方案的推出，但其效果都不如預期中的有效。二十世紀即將走進歷史，而緊接著要迎接二十一世紀的人類，面對現今這種經濟狀況，內心一定是充滿不安與擔憂吧?!個人也好，企業也好，政府也好，內心都十分企盼能有一種方案或政策順利帶領人類邁入二十一世紀，一舉打破目前這種景氣低迷的困境。

本書的作者，在本書的開始就引用許多史上著名的探險家的故事作為開場白，旨在宣揚探險家對於未知的世界所抱持的夢想的信念、執著以及冒險的勇氣。讀者或許會揣想，這些歷史上的探險家與現今的經濟情勢有什麼相關性呢?作者視現今的經濟社會為另一方式的探險，尚有許多未知的領域極需富勇氣及智慧的經濟探險家來探索；而也唯有透過這種探索的過程，期能因此而發現「新大陸」，才可能使經濟結構發生改變，突破現況中存有的困境。

以前的探險家需要具備面對未知世界恐懼的勇氣，現在的經濟探險家同樣也需要有勇氣，嘗試改變，才能打破「近視眼」短視近利的迷思。具備這種探險家精神的人、企業、國家，才有資格及機會，在二十一世紀的經濟社會成為成功的領航者。

九〇年代共產主義分崩離析之後，資本主義順理成章地成為本世紀末最具影響力的主義，照理來說，一個追求利潤至上、賺錢第一的資本主義，應該能帶領全人類走向另一個經濟顛峰才對，怎麼會一失去最大敵人——共產主義的威脅後，反而顯得欲振乏力呢？不僅未讓資本主義的社會創造另一個經濟奇蹟，反而使社會陷入一個令人處於憂心忡忡的金融危機之下呢？實在是十分值得令人深思。本書從資本主義的誕生、發展、壯大，乃至最後所產生的弊端、矛盾，作了一系列深入淺出的介紹與分析，讓讀者能從本書更進一步去認識伴

隨我們一起度過二十世紀的資本主義的真正本質。

隨著共產主義的瓦解，全球的政治體系有了新的結構。其影響的層面相當廣泛，其中最明顯的是經濟方面的變化。全球的市場、資源（天然、人力資源）重新洗牌，原本屬於共產主義世界的人口，轉而投入資本主義的陣營而參與經濟競爭。所有企業在這變化的趨勢之下都會受到程度大小不一的衝擊。因此，企業或者個人若想在二十一世紀脫穎而出、遙遙領先，關鍵在於其能否掌握到最佳的企業資源而順利地轉型成功。本書關於此主題有精闢的見解，企業該如何才能避開危機而創造商機，也有其獨特的看法。

標榜「均富」的資本主義，真的可以為全人類帶來富足的生活嗎？這是個見仁見智的問題。因為有些人身受其利，也有人蒙受其害。但從本書所引用的可靠的數據看來，貧富差距愈來愈明顯是個不爭的事實，這種情況如果持續惡化下去，對整個社會的經濟體系而言，是個不定時且具龐大殺傷力的炸彈，一旦爆發開來，全世界將永無寧日。這問題並不會隨著二十世紀的結束而消失，

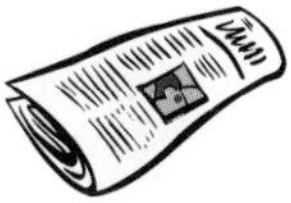

它會隨著人類進入二十一世紀，像一種隨時可能發作的黑死病，將人類辛苦累積的經濟、社會成果吞噬掉。

這雖是大膽且恐怖的假設，但絕不可因尚未具體發生而忽略了它的存在。其實世界各國，尤其以資本主義掛帥的經濟強國，諸如美國、日本都已意識到這樣的危機，因此已著手推動許多政策力圖消弭這種差距，以避免社會兩極化問題的發生。這些資本主義國家，除了本身加強對公共建設的投資外，也不斷鼓勵國內的企業界，能有遠見對自己的員工實施更高層次的技能教育訓練。

這一切看來都似乎很可行，也很有效，但問題是在資本主義國家裡，以營利為首要目標、短視近利的企業家能有多高的配合度呢？所以本書作者相信，這種種的政策雖然對全體社會而言是很有建設性的，但極有可能流為紙上談兵。這似乎也是我們國家的通病。

作者在本書最後的章節，為二十一世紀的社會模擬了三項可能的情況，並根據這些狀況，提出許多富建設性的建議，由此可看出作者的真知灼見。

本書將歷史上航海探險家的精神，巧妙地比喻成突破現今經濟社會困境所需的一股力量，是十分耐人尋味的。藉由深入淺出的分析及平實的案例討論，更提高了本書的可看性。希望讀者諸君在閱讀過本書之後，對於即將到來的二十一世紀的經濟社會，有一番更深的見解及心理準備。

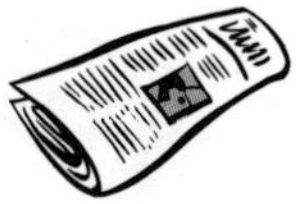

目錄

「NEO系列叢書」總序　i
序　言　iii
導　讀　vii
第一章　新時代的經濟探險　日本要往何處去？　1
能否預測未來？　8
沒有夢想就沒有未來　14
第二章　探索舊世界的地圖　資本主義是什麼？　35
產業資本主義的誕生　36

在二十世紀的「主義戰爭」裡是否有勝利者？ 41
資本主義——四個側面 45
現代社會的緊張關係 61
資本主義能否有未來？ 81

第三章 新世界的發現　發生革命性變化的經濟環境 85
經濟的地殼變動——重新思考五個問題 86

第四章 未來的航海術　在新的世界所需具備新的能力 127
在地球村的世界裡需要有全球性的法則 131
導致企業成功的五個航海技術 133

第五章 人類未來的方案 153
《方案一》不公平的世界——不平等的增加和地球規模的摩擦 157
《方案二》極端的個人主義和社會的分裂 167

《方案三》真正的利他主義和「綠色革命」 174
朝向建設性的方案 187
第六章 建設者的意識形態 撒羅流派的「明日的方案」 189
失去目標的經濟強國 190
留名青史的領袖，在歷史留名的國家 193
人類的本質不在於消費 197
二十一世紀的成功取決於「創造的環境」 206
新時代的經濟競爭、三個等級 213
後記 探險精神的復活 日本如今為了更加進步 215

第一章

新時代的經濟探險

日本要往何處去？

2 經濟探險

歷史上曾出現諸如馬可波羅、詹姆斯考克・菲爾納德・馬傑藍、瓦斯可・達・加馬等偉大的探險家。他們擁有對夢想的信念和抱持冒險精神，擴展了已知世界的領域。

這些探險家當中，最有名的無疑就屬克里斯多法・哥倫布。哥倫布為了發現印度（當時，此即意指亞洲），他於一四九二年乘上聖母瑪利亞號船由葡萄牙出發，向西邊航行。哥倫布的確是一位富知性、果敢且擁有偉大夢想的男性。但是，他發現的並非印度。其實他並未到達他自己所預定的目標。他航行抵達「新世界」，偶然發現了美洲新大陸。但是他雖然發現了新大陸，卻實際對自己所發現的世界究竟為何沒有概念。

關於哥倫布有如下一則笑話。「他不知道去處，而且到了抵達之處也不知自己身在何處。」但是，即使如此，他仍然成為歷史上最偉大的探險家而且流傳千古。

哥倫布出生於義大利傑諾法的一個世代作地圖的技師家庭。哥倫布是一位

慎重而且很有才幹的優秀航海家。他既擁有航海也擁有地圖方面的知識，而且他也知道地球是圓的。但是，可惜的是，他計算錯誤，他把世界的直徑誤認為只有實際的四分之三，此外，因為哥倫布把向東走至亞洲為止的陸路距離估計得太長，所以扣除這段距離就把向西走至亞洲為止的水路距離估計得太短。因為這雙重估計上的誤差，哥倫布就認為印度約距離加那利群島三千九百英里左右。然後在那附近碰巧有美洲大陸。如果美洲大陸不存在，則或許哥倫布和他船上的船員們都會因缺水而喪命，而無法留名青史，成為歷史上的英雄吧?!

哥倫布成為世界上最偉大的探險家，而留名於歷史的紀錄，或許他可算得上是歷史上最有名的男性吧?!怎麼說呢？因為他發現了完全出乎意料的美洲大陸，而那地方碰巧是「黃金之地」。從這則故事我們可以得到一個教訓，擁有聰明的頭腦雖然很重要，但是如果沒有進一步蒙得幸運之神的眷顧的話，是不能獲致成功的，不是嗎?!但是，歸根究底而言，哥倫布之所以能獲致成功，並不只是因為他獲得幸運之神眷顧而已，而是因為他不顧周圍的人強烈的反對，

仍然努力出發前往探索在那之前沒有人航行過的海域。如果沒有他驚人的努力，恐怕哥倫布沒有機會能得到這種毫無道理的幸運吧！哥倫布之所以可以留名青史，其中最重要的關鍵是他所具備的冒險精神。因此，也藉由他的冒險精神，才能無限制地擴展已知的世界領域。

在今日，我們能探險的地理世界領域幾乎已經不存在了，無數的探險家其足跡已遍布全世界所有的大陸。現代的探險家往極地探險，他們試過所有的方法，例如徒步、雪橇、滑雪等法子。在世界上最高的群山峻嶺，其混雜之情況和交通顛峰時的高速公路不相上下。在現在的時代裡，如果想成為過去所定義的偉大的探險家而留名青史的話，恐怕只能成為宇宙旅行家才能如願吧?!

但是，現今社會愈來愈需要另一種形式的探險，那就是在即將到來二十一世紀對未知經濟社會環境的探險。在這方面領域如同哥倫布探險家一樣，尚未達到發現新世界的知識和機會。

在二十世紀期間，存在著資本主義、共產主義、法西斯主義等數個相互競

爭的經濟社會體系，這些體系各自都想支配這個世界。法西斯主義隨著第二次世界大戰結束，首先解體。接下來幾年之後，共產主義也慘遭完全的瓦解之命運。關於其原因，現今仍受世界議論，但是現在留下來給我們在這地球上唯一可以繼續保存下來的經濟體制，只剩下資本主義了。其他所有的體制終告失敗，只有資本主義，其市場規則能發揮作用。

但是，資本主義的成功，也絕非帶來「歷史的終結」的原因。反之，當其成功的顛峰，這唯一可以繼續存在的經濟體制，稱之為資本主義也好、或稱其為市場經濟也罷，因其充滿內部矛盾，而為其嚴重的近視眼（先天性的不足）所苦。如後文將陳述的，如果想要創造一個更美好的未來，如果想繼續開拓人類存在的領域，則非常迫切需要具備擁有哥倫布的精神，易言之也就是探險的精神。

現今我們正在等待經濟探險的時代。在描繪未來經濟世界藍圖此事，和十五世紀時出發尋找新大陸的探險一事很相似。或許我們持有我們所欲探險的世

界地圖，但是其領域有一大部分被記錄為「未知的世界」。雖然我們能夠航海、計算正確的航路，但是關於我們能抵達何處、計算用的基本參數是否正確等問題，我們無法確信。

現代的經濟預測和計算，經常是基於過去的數據加以說明。因此幾乎所提供的訊息永遠都是錯的。在像現在經歷如此大變動的世界裡，數據的直線詳述已經不太有效了。因為經濟環境過於急遽地發生變化，所以即使我們看準一個明確的目的地才出發旅行，在抵達目的地之前，所有的地質及地理構造完全改變的可能性相當大。

近年來，在亞洲及墨西哥也發生這樣的事件。到目前為止皆被認為健全且景氣很好的經濟基礎瓦解，某日突然一定要接受國際金融機關的經援，否則無法度過金融危機。一九九五年墨西哥通貨膨脹危機的場合也是如此，一九九七年東南亞經濟金融風暴，其骨牌效應的混亂局勢也是如此，使得國際貨幣基金（ＩＭＦ）及其他國際經濟機構的主要會員國都覺得意外且措手不及。這些情況發生前兩、三個月前，ＩＭＦ還稱讚這些國家顯著的經濟績效及健全的財政政策，但不久卻造成這些國家經濟體制的瓦解。

現今我們正在航行的經濟海域，波濤洶湧是無法預測的，或許看起來充滿著危險和不確定性。但是現代不只是充滿不確定性和危險的時代，也是蘊藏大好時機的時代。對於現在的我們而言，有個大好機會讓我們探險並探尋新的策略。現今我們也如同過去有名的探險家們一樣，只對「地球那一頭的世界有些什麼」一般的模糊不清的期待罷了吧?!但是，在下一個一千年的開始幾年之間，或許十分需要具有探險新的實踐方針及思考的意志力。其中有些方針會進入死胡同，但或許其中有些方法會引導我們進入完全嶄新的世界。

這種新的經濟體系和其實踐可與十九世紀時探索西北航路作一比較，我們傾注十分多的努力和威信，所以終能發現阿拉斯加和格陵蘭之間的西北航路，但是在當時，實際上關於此航路能否算是順利發現，仍有相當大令人爭議的空間。因為西北航路終年為冰雪覆蓋，一年之間幾乎都不能利用此航道，所以這

個探索終究歸於無效，但是我們從發現西北航道的努力中，可以學習很多事。雖然沒有完成在兩個大陸之間發現更加順暢的航路這一個當初的目標，但是這個探索的努力本身，使我們得到更多正面的發現。

我們在探險未知之際，往往從探索之旅本身得到和實際到達當初所立定目標程度不相上下的學習。

能否預測未來？

並非誰都能預測未來，雖然此乃現在及過去一直不變的事實，但現今尤其如此。現今我們正在經驗的經濟變遷，正以相當驚人的速度在前進，因為每天都發生很多的新偶然事件，所以在人類歷史上，現今的時代可算是空前未有的難以預測及掌握未來的時代，想要詳細預測未來的未來學，變得沒有意義。那

完全是浪費時間之事。所能做的只是去理解形成未來的基礎的各種勢力，以便即使遇到任何事情，都因事先有所了解而不會驚慌失措。

過去偉大的海洋探險家，都必須具備了解氣象學的知識、風的吹法、航海術的基本知識、關於海洋的基本知識等。他們雖然無法正確預測未來兩、三天的天氣和海浪的高度，但是藉由理解海所擁有的各種力量，他們即使遇到再狂野的暴風雨，也能夠安然度過；反之在天氣好轉的時候也能隨時準備好活用這些有利的因素。同樣地，我們也藉由去了解促成我們現今經濟情況有所改變的種種力量究竟是怎樣的東西，而能創造出一個更美好的社會，不是嗎？

那麼，所謂這種種的力量，其基本上而言，究竟是什麼東西呢？它們彼此之間如何發生交互作用而相互影響呢？如何改變經濟競爭呢？為了成為新競賽下的勝利者，需要具備什麼要素呢？關於這些問題，本書以下將逐一作探討。

從現在的趨勢想單純地去預測未來是不正確的。因為在這種預測之下會錯失人類歷史上的轉捩點。在人類史上最顯著、革命性的變化，全都不是發生在

筆直且漸進進展的延長線上。舉例而言，共產主義的經濟社會體制其戲劇性的瓦解，對幾乎所有人而言，都是相當震驚的事件，不是嗎？這事件在二十世紀末期的人類歷史上，算是最重要的事件之一，但是任何人都無法預測這事件的發生。

再提及網際網路的出現也是如此。在距今僅僅十年之前，還不太為人知曉的電腦網路，現今卻有相當驚人且快速的成長，誰能事先預料得到呢？誰都無法想像得到，從今以後，網際網路將如何去改變企業界。但是在現今，電子的交易買賣對持續已有五千年以上之久的零售業成為很大的威脅。

當我們想到在現今世界能發生作用唯一的經濟體制——資本主義之時，也無法正確地預言其未來的命運。在社會評論家當中，雖然也有人論及資本主義的瓦解是無法避免的，但是事實上對我們而言，一切仍是不可知的。雖然資本主義的確離完美的經濟體制仍有一大段距離，但是能取而代之的新經濟體制，連其輪廓都還未看見。也或許資本主義將在五十年後消失，也或許千年之後才

會消失。能取代現今資本主義型態的東西為何，我們尚且不知。但為此，今日我們甚至無法想像的新的革新，或者新的發明，對我們而言或許是必要的。

例如在一七五〇年，誰也無法想像得到，蒸汽機的發明會給世界帶來如此巨大的變化。但是在五十年之後，現實世界發明了蒸汽機，因而促成產業革命，永遠改變地球的狀況。

人類能學習到的最重要的技能，並非預測未來的能力。必要的技能是去描繪前去探索未來未知海域的航路的技能。具備理解經濟和社會基礎推動力，再加上探險和冒險精神，則人類就能描繪出自身或是社會的新方向，這種能力將使人類存活於二十一世紀，且大大增加人類社會繁榮進步的機會，在偉大變化的時代，也就是在人類歷史的過渡期，提供我們很多未知的領域，以及很多新的機會。反之，在太平盛世穩定的時代裡，可能的事物已完全被探索盡，作為企業環境來說，也就算不上太有趣味可言了吧？

希望讀者諸君能把自己想像成哥倫布。在東印度群島上有應可獲得的財

富。然後，你相信你知道抵達東印度群島有更新更好的方法，也就是不往東走而採用往西航行的方法。哥倫布也是如此一般，你手中所持有的未來世界的地圖也是不完全的。因為在西方的新世界，有相當多地方是未知的領域，所以對你而言最重要的問題，是要建造一條能禁得起無數狂風暴雨侵襲的堅固船隻。在船上要屯積足夠且適量的糧食和水，以度過朝向不可知的目的地而揚帆邁進，而不知要持續到何時為止的旅程所需。在五世紀以前的地理探險所需要的這種探險的心得，在今日的經濟探險時代也同樣需要。

建造一艘堅固的船隻，究竟代表什麼意思呢?其意義隨著當事者在今日所處的狀況和對將來所抱持的希望和計畫等而有所不同。但是我個人認為，作為一位建造船隻兼探險家，想要成功，至少有兩個共通特質，那是為了促成未來經濟的成功，相當重要的特徵。

其一是創造性。探險和創造性是不可分的。因為無法預測未來，所以人為了自己，一定非創造未來不可，然而這種創造的技能，已經不是委任給大企業

就可以的。我們在面對二〇〇〇年之際，未來的探險之旅有著無法預期的苦難正等候著我們，因為大組織和大企業已經不一定就保證能為每一個人提供確定性或者安定性。

即使在像日本這樣的國家，終身僱用制度正逐步從實際的人事制度而轉變成一種理想的狀況。例如在一九九七年十一月所發生的日本第四大證券公司山一證券突然破產倒閉事件，就證實了在現今所謂絕對工作的保證，不過只是神話故事罷了。在美國當然一直都是如此的，但是至如今，連日本人或許都變成不接受這項新的現實不可吧！

創造性對個人和組織兩方面都很重要，如果沒有這項技能，就會不知如何採取立即應對的措施或者危機處理的辦法。尤其是日本，如果不想在發展全球性經濟方面落後其他國家的話，非得在創造出一個更富於創造性的環境這方面，作出相當大的努力不可吧！

沒有夢想就沒有未來

作為一位成功的探險家所需要的第二個特質就是要擁有夢想。

如果沒有夢想，就不可能出發前往作一次大型的探險。需要抱持你個人認為想到達的地方的夢想，或者在這旅行之中，你想獲得的東西的夢想。此時，你是否能夠發現你想探尋到的事物，其結果是次要的。最重要的是，要抱持夢想，基於夢想而採取行動。

但是資本主義，對於夢想並沒有太大的關心。尤其是不在乎長期的視野。資本主義的基本原則是在短期間能獲取最大的利潤，這不只是反映在商業界，同時也反映在政治方面，在政治的舞台也是如此，影響政治家能否再次當選的最重要的因素是，他在位四年之間所達成的業績表現。因此，資本主義本身不

需要夢想或者長期未來的目標。資本主義喜好將全部委任給市場去運作，市場能收立時的效益。這件事在世界的金融市場，表現得愈來愈明顯。因此，大量的電子貨幣，為追求最大利益的可能性，在一夜之間移動。這種經濟體制的結果所產生的現象是極度近視眼的。企業界的領袖也好，政治界的領袖也好，都變成極為短視，只重視眼前的利益，幾乎沒有人會去思考六年後的將來會面臨怎樣的困境。

資本主義在變化的速度不像現今如此快速的時代，而經濟環境的輪廓比較清楚的時代裡，或許能夠發揮其功效。資本主義在產業時代或許能有效地發揮其作用。但是，現今的經濟環境充滿突然的變化，有時會面臨激烈的暴風雨。在此驚濤駭浪的海域裡航行，如果沒有長期的視野，是無法好好掌穩舵而向前航行的。然後，隨著從產業時代逐漸轉移為我稱之為「人為的知力產業」所支配的時代，或許對未來所作的投資其必要性也大大的增加吧！如果沒有情報建設、具備高技能的勞動者以及對市民教育的投資，則就不能面對二十一世紀的

競爭環境。

由於資本主義的主要勁敵——共產主義的瓦解，在現存的經濟體制下，已經沒有明顯外敵的存在。如此看來似乎是種理想的狀況，但實際上，一旦外敵不存在，內部往往容易產生糾葛與不滿，在外敵不存在的今日社會裡，為了創造出一個更好的世界，我們需要一個所有人均能朝向前而共同為之努力的包含性的目標。在個人主義聲浪高漲的時代，這個社會需要一個大多數人都能參與關心的未來夢想，能夠把人們結合在一起的視野。

接下來，在今日政治體系的民主主義裡，特別需要抱持理想，烏托邦式的理想也好。為了使民主主義能好好地發揮其作用，要步入一個更良善的社會之路，也就是說要超越偏狹的私利私慾，基於此，我們需要提出一個理想。

市場既不關心公共的利益，也對分配是否平等毫不關心。近年來在美國、甚至世界各地都可看到這種現象，毋寧說社會上的不平等眼看就在擴大。富裕層和貧困層之間所得的差距一直加大，不只發生國際間的摩擦，也引發出發生

內部摩擦的潛在狀況。所謂不論貧富一人一票的民主主義的權利平等信念和市場愈來愈擴大的不平等之間的落差，無法用技術的方法來克服。

為解決今日政治體制和經濟體制摩擦的方法，需找出要使人人為了建構一個富有魅力及更好的經濟體制而願意付出犧牲，並且讓每個人忘卻個人偏狹的私利私慾的共同目標。這解決摩擦的方法只有在這共通的目標中才能找到。需要找到有利於社會的某種包含性的視野。這種視野、夢想並非被人強迫的東西，而是自己樂意去主動參與的。而且這夢想本身也需要很多實驗和探險的課題。

日本新的視野

到太平洋戰爭的幾年之間，日本計畫策動空前最大規模的「探險」。日本以在亞洲建立大日本帝國為目標，擴大其地理的領域。這個侵略性的軍事探險，隨著第二次世界大戰的終止而突然宣告結束。此後經過五十年之久的時間，日

本人既不需要探險家，也不需要擁有全球性的視野。毋寧說事實上是全世界的國家，尤其是亞洲不希望讓日本擁有全球性的視野。日本及日本以外的各國其目標也就是經濟競爭的法則是沿襲美國的方針而做計畫的。日本只要依循這些法則即可。

美國已經擁有全球性的視野。日本只有地域性的視野能比得上西方。但是其地域性的視野本身是很強有力的視野，動員了全體日本人，成就了歷史上最顯著的經濟成果，使日本恢復其經濟實力，重回經濟舞台。

為了達成這種地域性的夢想，其方法是很單純的，眾所皆知的是要觀察、模仿而改善之。日本人往往被批判為不自己去發明有獨創性的先端技術，而是擅自利用美國的基礎發明的成果而加以改善，不過是模仿者罷了。但是如果我們看看歷史，日本並非本質不好也並非反常。美國在十九世紀時不也是做過本質上幾乎是相同的事嗎？因為美國人藉由模仿英國，從英國學習到的經驗而建造美國的經濟。

但是在二十一世紀即將開始的今天，世界的外觀有了新的變化。共產主義瓦解，日本也趕上世界的最高水平。現今日本的國民所得達到美國的百分之八十五，日本成為世界的第二經濟大國，在最近的將來，中國當然無法取代日本的地位，其他各國也尚不足以代替日本。現在日本被自己也被世界問及的問題是日本在國際社會中，究竟是扮演怎樣的角色呢?!

日本愈來愈迫切要捨棄其區域性的視野而由新的事物來取而代之。日本非決定出面對未來的視野不可。然而這是一個十分嚴肅的課題。因為去建立自己本身的目標而非依從他人既已決定好的目標和指導方針，而去參與競爭法規的策定才是真正的探險，但是可惜的是這部分也是日本最弱的一環。

日本能否成為世界的知性領袖

首先，讓我們來看一看關於在企業方面日本的視野。日本作為世界的技術領袖，是否擁有知性的視野呢?日本是否認為要更加親自著手於有突破性重大發展性技術的發明（並非跟在別人後頭的革新的基礎發明）呢？

我認為，對日本而言的試煉之一是能否開發出嶄新且有突破性的技術。在二十一世紀的經濟環境，已經不能只依從過去的法規而希望維持高的競爭力。自己本身非親自制定法規不可。

看一下過去十年間電腦、微型處理機、網際網路產業，或者生物工學方面的發展，日本在這些產業的領域內都不是居於領導地位。舉例而言，生物工學的領域幾乎都是由美國獨佔鰲頭。這方面的產業，在美國發明之後的一段很長的時間，甚至想在美國以外的地方，取得這領域的博士學位都不可能。日本將來如果真的想取得真正技術的領導權，則非認真思考關於為了創造出能促進這樣領導立場的環境，應該怎麼做才好的課題。

此時其瓶頸是存在今日社會裡太多的制約。其中也有政治性、經濟性的性格之物，也有文化性或社會性的制約。

例如，為了著手有利於促進技術的重大突破的獨創性企業計畫，其所需的

冒險資金在哪裡呢？太多而且太周密的規制會抑制必要的企業家活動。首先創始新的公司，接下來為了使這些新的公司擴大發展，才姑且需要適當的法規和規制。

舉一個顯而易懂的例子，在義大利北部雖然有很多規模小但體質健全的公司相當活躍，但是它們卻無法成為一個大企業。在義大利沒有一家企業能夠成為像英代爾公司和微軟公司般的大型企業。其道理很明白，義大利存在一連串的官僚性規制，因此要成為大型企業是不可能的。然而，跟義大利情況相同的是日本也符合上述的情況。

社會學的要因和文化性的要因也幾乎是一樣重要。為了促進新的基礎技術的發明，需要有新的教育體系。更進一步也需要在突破性創新思考及承擔風險方面，不會後退的文化。

讓我們來想一想這世界上最有錢的男性——比爾•蓋茲。其實他在念哈佛大學時中途退學，就日本人的說法，他簡直就是落魄潦倒的人。甚至連大學都無法念畢業。但是現在他是世界上偉大的企業英雄之一，幾乎已被人當作一名偶像來崇拜了。如果比爾・蓋茲身為一位日本人，念東京大學中途退學，則現在的他將是如何的下場呢？以其學歷，在日本能夠成功的可能性能有多少呢？在日本只要在履歷表上填上「大學退學」，在那一瞬間就會遭受到許多質疑的眼神。

或者在日本，自己首次創業的公司發生倒閉破產，自己的面子及名譽將如何是好。如果你最初經營的公司發生倒閉，幾乎會被人貼上註定失敗的標籤，在很長的一段時間之內會遭受到打擊。此外，銀行也好，將來的企業合夥人也好，都不希望和失敗的人在生意上有往來。

相對於此，如果你處於美國的矽谷工業區，創業失敗被視為一件好事。反而容易再找新的工作。人家會說：「他是位精力充沛的人、肯幹的人。而且，新成立的公司，十之八九會破產，所以未必是經營者無能。」

平均而言，美國新企業的老板，到成功為止會經過兩次的失敗。經過三次

經驗的歷練，或許就能培養出正確的判斷能力。歷史上最偉大的實業家當中，幾乎沒有人第一次就能成功的。例如亨利・福特，即使是他也經歷三次的嘗試，最後才終於成功的。

對於失敗持有正面想法的人，在嘗試新的事物時，其風險比較小。然而有勇氣明知有風險且願意去冒險的人格特質，才是創造出有重大突破性技術的基礎且必須的條件。因此，如果這是日本所希望培育出的視野，換言之，如果這是日本所想探險的海域的話，則首先需要改變教育體制和基本的社會學方面的各種要因。

在創造出有重大突破性技術方面的另一個基本問題是大企業自己本身蛻變，或者自我破壞的能力。在提及關於嶄新而又有重大突破性技術之時，能夠自我完成蛻變的大企業，幾乎是史無前例。

舉例而言，在美國製造真空管的五大廠商之中，沒有一家企業曾經製造能取代真空管的電晶體和半導體的產品。為什麼呢？因為如果在初期的階段採用這種先進的技術的話，則自己公司的真空管部門一定會被破壞掉。而誰都不希望那麼做。此外，我們來想一想關於生物工學的領域，在這領域的突破性重大技術發明，沒有從製藥業界的大企業所研發創造出來的。

即使關於使用度持續增加的電子交易也可以看到好幾個這種例子。電子零售業，也就是藉由網際網路來購物，幾乎都比親自到店裡選購來得便宜且方便。電子零售業確實會成為未來主要的趨勢。但是，對於主要的零售業者而言，要去適應這種新的發展趨勢，採用電子業者的策略，實在是十分困難的事。

舉例而言，世界上頗具知名度的大型零售店溫瑪特（Wal-Mart）即是一個很好的例子。雖然溫瑪特最近透過網際網路開設了電子商店，但是該商店在定價格十分謹慎，把電子商店裡所有商品的價格，定得比店頭價格略為高一些。溫瑪特公司認為，如果網際網路上的價格定得比較便宜的話，人們就會不去店面選購，或者先去店面確定價格之後，再透過網路來購買。因為實際上溫瑪特

公司已經在既存的店面、人員和流通系統等方面投資了相當多的資金，所以要破壞自己本身的公司而認真專注地投入於經營電子零售業，並非如此簡單能夠做到的事。

相同地，大企業本身在開發技術的場合所發生的問題，就是他們自己無法順利蛻變。他們無法進一步破壞既存的企業以促成有重大突破性創新的技術臻至成熟。因為日本的技術變革非常依賴大企業，對日本而言，這點或許就是成為其進步障礙之所在。

如果日本想促進在未來二十一世紀的技術領導力，或者我廣義地稱之為知識的領導力的話，日本在社會學、制度以及教育這方面需要新的環境。例如，日本需要基於構想而非不動產去貸款的銀行體系，然而也需要有能真正促進創造性的教育系統。

這些都是應該一起去考慮的重大問題，在偉大變化的時代裡所需的偉大探險。當然，這並非一夜之間能夠去完成的計畫，但是有相當多的方法可以去實

行。一旦開始著手之後，或許要花費二十年左右的時間，才能改變環境。但是，現在不趕緊開始不可。如同毛澤東主席曾經說過的一句話「千里之遙始於一步」。

現今的日本處於大恐慌的前夕嗎？

日本的政治家尚無法處理好國內的經濟問題。日本的經濟無法擺脫戰後以來持續最久的景氣衰退的現象，幾乎所有的政治措施都無法發揮任何的效果。央行的貸款利率甚至已經調降到最低的利率水準，但即使如此也無法有效地刺激新的投資。財政部的官員們看起來似乎也是絞盡腦汁苦無對策。過去的法規和措施已不能適用於現今新的世界經濟。

現在的日本狀況，似乎與一九三〇年代時的美國經濟大恐慌有類似之處。一旦經歷大的金融風暴的危機，凱恩斯所謂的「流動資金的停滯」效應會強烈地抑制投資的意願。一旦金融市場如果瓦解，一定會造成一定程度的物價下跌

和通貨緊縮的到來。物價下跌當然也會使得房價下跌。因此在此情況下所應採取的最妥善措施是不要放掉自己手中所有的金錢。

通貨緊縮的世界在根本上和通貨膨脹的世界不同。在物價年年下滑的情況下，最明智的選擇就是靜靜地等待。明明明年會變得更便宜，哪裡有現在在東京購置大樓的道理呢?!即使利息下降，也沒有理由要去動用手中所持有的大筆現金，在有通貨緊縮傾向的世界的最基本戰略是「靜觀其變」。應該在商業界流通的資本陷入了凱恩斯所說的流動資金停滯的苦境。

美國以及全世界之所以能遠離經濟大恐慌，乃是拜第二次世界大戰爆發之賜。在第二次世界大戰之前，美國政府無法採取任何斷然的措施，讓人們從經濟危機的恐慌中重新再站起來。即使連羅斯福總統任內所大張旗鼓宣揚的「新政」（New Deal），其所推動的政策也全都太少而且太慢了。美國一直到參加第二次世界大戰之前，都無法使產業再度恢復其活力，也無法使就業率回復到經濟大恐慌之前的水準。當然，即使不發生二次大戰，總有一天會跳出這個經濟大恐慌的苦境，但是一定是要花更長的時間。

但是，現今在日本並沒有似乎能刺激經濟景氣的世界大戰，而且或許我們也並不樂見有其他任何的軍事對決吧!?那麼說來，問題就變成了沒有明顯且迫切的危機的情況下，要如何才能引發根本的變化。要如何去鼓動輿論，支持這經濟的必要且根本性的變化。理論上而言，在民主主義的社會，有權利者的百分之五十一構成過半數即可通過。但是實際上，在採取任何強有力的措施時，需要去說服百分之七十或百分之八十的人贊成，才能順利施行。不然，改革的嘗試幾乎注定都是失敗的命運。

希望能看到日本金融體系放寬限制的計畫。日本於一九九七年所制定的放寬限制的計畫，所謂金融政策改革，始於一九九八年四月，預定於二〇〇一年三月結束。如果認為此項計畫是正確的話，又如果有必要的政治影響力的話，為什麼要一直等到二〇〇一年為止呢?包括英國在內，其他國家都以一年的時間來執行此計畫。為什麼在日本需要長達四年的時間來完成呢?全世界的觀察家們對日本的這項計畫抱持相當懷疑的眼光。國際社會上的每個人，在真正目睹此項計畫完成之前，或許都不相信日本政府的約束力吧?!

讓我們來看一看日本ＮＴＴ公司的所謂民營化，政府所作的只是賣掉該公司股份的百分之十五而已。而卻不賣掉剩下的百分之八十五的股份。所以ＮＴＴ公司不能稱之為民營化的範例。因此，現今世界各國不知是否該相信日本放寬法規限制的法規。如果日本的政治家想在世界經濟上受到尊敬的話，他們需要展現出其對經濟方面真正有影響力的一面。

但是，縱使金融體系放寬限制的計畫，會在二〇〇一年完成，這也無法保證日本經濟不景氣能好轉，而重新回復到景氣復甦的局面。日本現在所面臨的問題是更根本的問題。因此需要去研究出一個嶄新的、本質上完全不同的策略才足以因應目前的局勢。日本務必要將全體經濟從被管理的資本市場提升為自由的資本市場。必須去了解在世界經濟所發生的根本的變化並適當地採取行動而加以應變。

真正的問題並非要去知道該如何採取行動。很多人或許在理論性的程度都已經明瞭了。問題是他們是否擁有行動的政治決斷力。在舊有的體制範圍內作事，非常的麻煩但也非常的安心。他們所採取的行動，只稍微擴大一點點輸出，增加些微的國內需求，調降一點點利率等等。

但是，如同筆者在本書各章所要探討的，如果真正相信世界的根本性的各種要素已經發生變化的話，則只稍加強行推動舊有的體制是沒有效果的。再增加幾個百分比的輸出量也不能有所助益。如此一來只會激怒其他國家，完全無法產生預期的結果而徒增困擾而已。日本在一九九七年的貿易順差再度增加，但是這完全不能解決日本根本的問題。因此需要有徹底嶄新的思考方法及行動模式。需要有能吸引人的遠景。經濟也好，政治也好，探險時代真的已經來臨了。

日本人要以何為目標，往何處去？

另一個問題是，處於未來的世界，日本的政治視野。日本雖已成長為世界第二大的經濟強國，但是在國際政治舞台上仍是個小孩子。

日本現今想成為聯合國安理會的常任理事國的一員。如果考慮日本在世界上的經濟影響力的話，或許是當然可行。但是，我問及日本的朋友們，如果日本進入聯合國而擔任常任理事國的話，日本能為世界作什麼呢？卻沒有人能回答這個問題。此外，其他各國的人們的心情也或許是「如果日本不知道能為世界作什麼的話，則我們也沒有理由去關心日本所提出的願望」。

經濟力和政治力二者之間未必是相關連的。日本在國際政治舞台上，或許也必須探險新的領域。

過去日本的夢想是趕上富裕的工業國，這種視野已不適用於今日。世界各國對今日的日本，有更多的期許和要求。在此後的五十年期間，對日本而言，必要的視野可以說是由兩個部分來組成的。第一是，希望世界成為怎樣的狀況，接下來打算以怎樣的形式參加世界的形成。接著，第二則是在未來的世界當中，日本想成為怎樣的國家，這件事非由日本人自己決定不可。

例如，想成為像德國一樣，擁有許多休閒時間的國家；或者成為像北歐各國一樣，有很高的社會福利水平；或者想認真的參與全世界的政治問題而成為世界的政治領導強國。

如果想成為世界的政治領袖，則一定要關心全世界所發生的事件。即使是很遠的國家，例如非洲所發生的政治問題也必須加以關心。但是，在我的印象中，日本的政治家，或許日本人大部分，對於非洲所發生的屠殺事件和政變等事件都漠不關心吧！

幾年前在分析日本的新聞內容時，才發現日本媒體報導關於世界各國所發生的新聞，幾乎只有一點點分量而已。除了報導與日本競爭的少數幾個工業國的消息之外，日本的媒體，幾乎沒有任何全球性情報的報導。雖有報導關於美

國很多的消息，也有一些關於歐洲的報導，但是幾乎沒有任何非洲及中南美洲的情報，地球地圖好像是廣泛地消失不見似的。新聞界也不關心，國家的領導者也不關心。接下來，國民也不關心。明明全國上下對世界整體局勢都不表關心，為何還想進聯合國的安理會呢?或許只是為了追逐好名譽而已吧?!

日本關於今日世界應如何定位這方面，沒有自己的遠見、看法。日本到目前為止，十分善於玩弄制定好規則的遊戲。但是，日本在制定遊戲規則方面，只負責扮演瑣碎的角色。但是，如果一直由他人來決定遊戲規則，則面對未來的競爭有很大的可能性會失敗。

其他國家的人，不能將其視野強加於日本身上。世界該如何定位，自己在新的世界當中該如何自處，關於這方面新的視野，日本人非親自去探索不可。

在這幾十年之內，世界為了完成根本的變化，世界未來地圖的大部分就如同十五世紀那些探險家們手中所有的地圖裡那些未知的國家一樣。雖然去製作這未知領域地圖本身是一件需要耗費大量勞力的辛苦工作，但是卻是很有價值

的過程。向著遙遠的目標前進出發的旅行本身，才能使個人、國家有所發展及成長。重要的並非是否真正知道自己所欲到達的目標特質。真正的問題是，是否擁有開始出發去旅行所需擁有的勇氣和冒險精神。

第二章

探索舊世界的地圖

資本主義是什麼？

首先讓我們來探索一下由十九世紀和二十世紀的資本主義所作成的經濟環境。讓我們回顧一下不久即將面臨結束的二十世紀。很明顯地，資本主義即使稱不上是社會和經濟發展的唯一原動力，但也是極為主要的原動力之一。資本主義不僅在此世紀扮演重要角色，毋寧說在過去兩百年的期間就已成為主要的一股勢力了。然而如果對於這股強大的原動力沒有某種程度的理解的話，當然無法針對未來製作出正確的海圖，或許也無法正確解讀我們在今日的世界所遭遇到的現象吧！

產業資本主義的誕生

從十九世紀起到二十世紀期間的資本主義和產業社會相當緊密地接合在一起。很難正確地指出產業資本主義誕生於哪一天，但是卻能夠很簡單地辨識出其最偉大的技術性的領先和思想性的創新——蒸汽機的發明和亞當．斯密的思想。而且我們也確實知道，資本主義成為經濟和社會體系的主流是始於十八世紀末的英國。

如果，一八〇一年在法國沒有發明蒸汽機，就沒有資本主義的誕生吧?!但是，有趣的是能夠利用蒸汽機而開始產業革命的人，並非發明蒸汽機的法國人，而是在十九世紀初期完成產業革命的英國人。如果沒有蒸汽機，如果沒有接下來在工業化過程和輸送所使用的相關技術的開發，或許資本家為了建構事業的基盤就不存在吧?!資本家非擁有能夠產生生產性的東西不可。在蒸汽機發明以前，資本家所擁有的是土地、動物以及某種意義下也擁有臣僕，當然那是所謂封建主義體系的產物。

蒸汽機發明之後，對產業資本家而言就能有所屬的東西。此外安裝好機器，僱用勞動者，能夠經營工廠。由於產業社會的出現，就已經不只是靠土地來決定物質的地位或者社會的地位。資本家變成能夠擁有工業生產手段的機器和技術。在封建社會裡主要的對立，來自於土地所有者和農民之間的對立，但是在資本主義社會裡，其對立主要是來自於成為社會組織的決定要素的資本家，也就是工廠所有者與勞動者的對立。

亞當・斯密，往往被譽為經濟學之父，同時他也被稱為資本主義的預測者。在亞當・斯密於一七七六年所發表的有名著作《國富論》一書中，他對於資本、勞動者與工廠所有者之間的關係，有極為詳細的論述。此外，他是最早說明關於市場經濟調節機能的人士之一。他把市場經濟調節機能稱之為「看不見的手」。如果說亞當・斯密對於把資本主義鞏固為一種思想主流，在此方面有卓越貢獻，一點也不為過。

關於為什麼產業革命以及伴隨發生的產業資本主義是始於英國，時至今日，在歷史方面的書籍已有相當多的議論。我們知道，作為產業革命的動力，有幾項必要的因素。其中，最重要的因素是豐富的煤礦資源。為了經營以蒸汽機為基礎的工廠，需要大量的煤礦。然而在當時，因為要長距離運輸煤炭是一

件十分困難的事，所以只有能夠開發煤礦資源的國家可以領導經濟。

舉例而言，如果日本欠缺這種重要的資源，就不能夠領導產業革命。但是，擁有很豐富煤礦資源的國家，並不僅限於英國。德國至少也擁有和英國一樣豐富的煤礦礦產。但是，為什麼產業革命始於英國而非德國呢？關於這一點，尚未清楚，關於此議題，歷史家或許此後還要繼續作進一步探討吧?!

但是，此處的重點並非資本主義是始於何時、何地這件事。切莫忘記的是，資本主義是產業社會裡不可或缺的要素、不可分割之物。接著，更進一步是，在資本主義體制裡，資本家一定要以貨幣、機器、不動產的形態擁有資本。

藉由產業化而促成的新的社會組織和生產體系，正快速地發展、普及。接著，資本主義成為一種意識形態而漸漸具體化。資本主義是對抗封建主義的思想主流。資本主義當然被視為對封建主義造成威脅。即使在英國，地主也對因新興產業而迅速致富抱持很大懷疑。英國其特殊的一點是，新興產業的暴發戶

們都得到貴族的封號，他們都想成為隸屬於式微的封建時代裡貴族社會的一員。但是，使封建主義破滅，在這過程中重建社會全體構造的，無疑就是資本主義。

在蒸汽機發明和《國富論》一書發表之後的二、三十年之後，因應對資本主義給社會所帶來的變化，出現了與資本主義競爭的主義。首先出現的是馬克斯主義，或稱為社會主義。在卡爾・馬克斯其偉大的著作《資本論》一書中，論及在資本主義裡本質上的不平等、在資本家和勞動者之間以及貧富之間不斷擴大的差距，終有一天會引發社會不安而最終引起無產階級革命，在此方面展開極富說服力的議論。

從馬克斯主義開始，在接下來的一百多年期間裡，世界上產生了好幾個和資本主義競爭的主義。其中，最有名的是社會主義、共產主義、法西斯主義。這些政治經濟體系，想試著在其各自的世界獲取支配性的地位，但是沒有一個成功的。結果唯有資本主義留存下來，而且甚至在今日看起來似乎變得愈來愈

強而有力。

有趣的是，在過去兩百年來，沒有人能夠發現別的方法而使體制能有效地發揮功效。共產主義也不行，法西斯主義也不能，甚至連知名的斯堪的那維亞半島的「第三條路」也無法有效地發揮功用。這些社會經濟體制是否哪裡有錯誤呢？為何它們無法通過時代的考驗而留存下來呢？

在二十世紀的「主義戰爭」裡是否有勝利者？

各式各樣的經濟和政治體系想試著去利用人類精神的各種不同的要素。這件事從在二十世紀相互競爭的意識形態，它們彼此之間發生衝突看來，就很清楚明白了。

共產主義想嘗試利用一種利他主義的概念。人人都是共同體的一分子，基於基本上一樣的工資而勞動，個人的野心和個人的自由，變成要為全體的利益而放棄。法西斯主義或者在希特勒執政下的德國被稱為國家社會主義，想利用民族間相互憎惡的情感。法西斯大大地強調民族國家，尤其是民族性同質的民族國家，為了達成法西斯分子領袖的目標，也就是民族的純一性，甚至大量地屠殺了次等的民族。

但是，如同歷史所證明的，利用利他主義也好，利用民族性憎惡的情感也好，都無法有效發揮作用。法西斯主義由於對其他民族宣戰，結果敗北，而從外側打破該主義。世界並不容許由法西斯分子所宣傳的民族淨化論。而在今日的世界，對於法西斯主義和獨裁制，更不能寬容。除了過去在南斯拉夫所發生的小規模的民族紛爭，在今日世界看來不可能再出現這種型態的支配。民族憎惡的情感雖然沒有消失，但是在將來，國家經濟建構在這種哲學之上的可能性可以說是非常少了。

相對於法西斯主義的崩壞，共產主義是自己瓦解的。共產主義是由內側引

發失敗的。導致蘇聯帝國衰亡的是內亂和幻滅。

社會主義崩壞的原因，是因為社會主義不能改變人類。初期的社會主義者相信，如果讓每個人經驗正當的事，接受正規的教育，就能造就更好的人而非不同的人。但是，事實上這是絕對不可能的。

有一個有趣的問題，資本主義是否幫助共產主義的失敗呢？這個問題或許會成為歷史學家長時間議論的問題。例如因為蘇聯一般的市民，環顧世界各國，認為「怎麼回事呢？我們的生活比不上資本主義者富裕」，而造成共產主義瓦解呢？還是因為共產主義犯了根本上的錯誤，也就是像宗教一樣規定了此生的樂園，而導致失敗的呢？

即使是天主教，如果限制了今生的樂園，或許也會變得很不好。基督教最了不起的地方就是，雖然有規定樂園，但因樂園只是死後的世界，誰也無法確知樂園的狀態。

但是，共產主義的烏托邦，也就是基本上限制了今生的樂園。接下來，如果作了這樣的約定，遲早一定得履行這項約定不可。共產主義的破綻乃始於此，所規定的事和人人親自體驗到的事，其之間的差距逐漸擴大，終於到了不可忽視的程度。

首先於一九二〇年代、一九三〇年代之時，因為共產主義只是建構於古代俄羅斯的封建主義之後，所以人人都認為烏托邦不能立刻實現。在一九四〇年代後期，共產主義和法西斯主義發生戰爭，於一九五〇年代，也就是戰爭及與法西斯主義的衝突之後，重新建國。但是到了一九六〇年代、一九七〇年代之際，烏托邦社會尚無法實現，當然，大家就開始對此體制失去信心。共產主義所限制的並非人性的貪慾，而是藉利他主義而引起動機的新人類，認為如此一來應該會建立一個更好的社會。但是，為了實現共產主義的此一理想，卻與現實有太大的差異。

因此，與其說是資本主義戰勝了共產主義，毋寧說是共產主義自掘墳墓，自找死路。共產主義其過於偏激的理論，也一定非受其沒有履行約定因而引發

過激的結果所苦不可。

然而，在一九九〇年代初期，資本主義很顯然地，成為這「主義戰爭」戰場上的勝利者而存留下來。

資本主義——四個側面

貪欲

利他主義也好，民族間的憎惡也好，都不能成為有活力且繼續維持下去的經濟體系的基盤。唯一可以成功的是利用人性的貪慾。然而這就是資本主義的本質。如同亞當・斯密所言，也許想稱貪慾為「自我的利益」（self interest），沒有任何修飾的必要。能使資本主義有效發揮作用的最基本原則是人類的貪

慾。

如果查字典去找「資本主義」一詞，也許會看到「基於私有和利益的動機之經濟體系」之類的記述。但是，這也是需要人性貪慾的本質。更想擁有利益的心態。自己是最優先的。自己保護自己而不顧他人。這即是資本主義的基本態度，此外這也是資本主義之所以長期以來能夠有效發揮功能的唯一原則。

其他的體制都是認為人是高尚的，或者人可以改變成如此崇高的。但是，資本主義的強勢在於，承認每個人都是自私且有貪慾的，而且更進一步該體制利用人性的這些特性去促成「良善之事」。貪慾往往無法處理得當，也會引發壞事。舉例來說，或許這對貧困弱小之人而言就比較難把貪慾處理好。但是，可確定的是，貪慾是人類精神不會消失的一部分，也會永遠存在。

資本主義肯定不平等的結果。資本主義認為經濟環境生態中的適者會淘汰掉不適者，更有競爭力的企業和個人會迫使競爭力差的企業和個人關閉和失業。

在資本主義體制下，經濟利益可以繼承，儲蓄可以代代相傳。經濟競爭的開始，對所有的人而言並不公平。然而接下來，甚至有可能會使得不公平更加擴大。強者更強，富者更富。如果任其發展下去的話，在資本主義的體制裡，權利和所得的不平等會更加擴大下去。

資本主義裡這種根本上不平等的傾向，使卡爾・馬克斯相信一定要發生革命。在資本主義競爭的世界裡，也許就是日漸增加的經濟上落伍的族群，也就是被剝奪掉正統政治經濟權利的人們與逐漸減少的勝利者，這兩個群體之間的對決。

那麼，為什麼馬克斯所提出的社會發展的分析不能實現呢？如果貪慾是資本主義的主要特質的話，如果資本主義是不平等，已經有錢及權利之人擁有支配權的話，那麼為什麼馬克斯稱為失業者、無產階級之人並沒有引發叛亂呢？其答案是，人們發明某些一系列的制度，對資本主義寄予最深的情感之故。

此外，首先舉例而言，一般眾所皆知的社會福利國家，更貼切地應稱之為社會投資國家。在社會福利國家方面，國家把所得發放給那些對資本主義而言已經沒有需要的人，也就是老人、病人、失業者等。雖然沒有人願意再僱用他們，而且他們也無法掙得糊口所需的錢，但因為國家福利的照顧，使他們不會餓死。因此，所謂「社會福利」的想法，就是約束無限制的貪慾的要素而發揮作用。即使是在最熱中資本主義的國家裡，也因這社會福利制度而造成很多財富的重分配。

但是，要從因過度貪慾的自我破壞來解救資本主義，不是只憑社會福利就可以的。要解救資本主義的真正之道在於對教育的公共投資。社會投資國家，為貧窮且付不起教育費的人支付教育成本。更重要的是，進一步規定最低程度的義務教育，並將之體制化。社會投資國家要求每個人都要有最低的技能及在資本主義體制下掙錢最基本的能力，透過義務教育的推行，使人人皆有效能獲取這些能力。如此一來，社會投資國家在資本主義的競爭裡與其說只適用於純粹基於貪慾的資本主義原則，毋寧說變得能更平等地使用資金。

對社會福利及教育方面的投資，至少到二十世紀後半為止，有助於抑制工業國所產生的貧富差距及抑制社會引發大的動亂及革命。

個人主義

資本主義的另一個特質就是肯定極端的個人主義。然而即使有對於共同體的肯定，也是十分罕見。但是實際上所有的人都是基於個人的利益而有貪慾的。然而，從產業資本家的觀點看來，資本主義的目的是在法律所規定的範圍之內，盡可能地提高自己的工資、降低勞動者們的工資。因為這樣可以產生最大利潤，而這是所有的資本主義事業最重要的目標。

如果資本家參與慈善活動當然受歡迎，也就是將錢捐給慈善機構用於慈善計畫，或對公共團體有所貢獻，但是在資本主義的架構中並沒有包含應該參與慈善事業的所謂道德上的義務。責任在於個人而非公共團體或集團。

日本的資本主義和西方的資本主義，多少有些差異存在。在日本的資本主義裡，集體主義，也就是所謂共同體的思想，扮演著相當重要的角色。此外，所有的政策不應由公司的高階資本主義獨裁者全權決定的想法，也是與西方的資本主義不同的。作決定時一定要由下往上，非經由全體一致贊同不可。在今日的日本社會，雖然主張導入更具個人色彩的決策，但比起美國社會還差得太遠。但是，基於全體一致贊同的決策，在全球性的經濟環境裡，的確是很難發生效用。因此個人主義傾向是一般時勢潮流之所趨。

人們往往經常說極端的個人主義會把共同體消滅掉。表現最為明顯的是美國，但是世界各地也都發生這樣的事情。反過來說，共同體的瓦解，由於共產主義的崩壞而加速進行。共產主義和資本主義戰爭的過程中，雖然沒有獲得勝利，但是現今由於共產主義的消滅，美國國內的連帶感，以及美國與其盟國之間的連帶感或許正在減退。

曾經能夠維持共同體存在的要素之一是擁有共同的外敵。共同體一旦遭遇到所謂「或許會遭受侵略」來自外在的威脅時，就會產生相當強的團結力。美國的共同體，在想擊退共產主義一事上相當團結。但是，現在這個外在的威脅消失了。然而，一旦威脅消失之後，那股強烈的共同體意識也跟著變得薄弱了。

而且，電子媒體的突破性發展也強化了個人主義、促使共同體的作用變弱。在過去的時代，人們為了看電影，一定要到人們聚集的電影院去看不可。但是，現在已經不需要如此了。也可以透過錄影帶來看電影，甚至可以從網際網路上看到。

逛街購物雖然是一種社交性的活動，但是到了現在也面臨到大的轉變。已經有很多的買賣，是透過網際網路和商品目錄郵購的方式來進行，或許在將來，到購物中心去採購的必要性會愈來愈減少吧！

或者，關於運動方面又是如何呢?!在今日時代裡，以個人來參與運動的傾向很強。以保齡球為例子，在美國雖然有愈來愈多的人玩保齡球，但是以保齡球聯盟方式打保齡球的人逐漸減少。

即使看政黨，也一樣可以看到黨員正在減少。理由雖然有很多，但其中之一可以說是因為有權者之間個人主義高漲之故。

我們不論喜歡或不喜歡，都變得更傾向於個人主義，這樣必然會給集團，也就是共同體帶來影響。在現今社會裡，為慈善活動也就是共同體的非利己的行動花費時間的人數，比以前少。提到所謂共同體究竟是什麼意思呢？必要時，即使犧牲自身幸福的一部分也要去幫助他人，也就是支持共同體的意思。然而，問題是，現今這種精神比以往高還是變得比以往低呢？我認為在產業化社會的環境下，幾乎這種精神會變得比較低。

根據美國的民意調查顯示，現今個人滿足的優先度，排名在家族的滿足之上。競爭的個人主義以家族和共同體的連帶關係為犧牲而發展起來。在現今時代的理想，並非「團結」而是「選擇」。這件事，關於未來社會的型態雖然提出很多根本的問題，但尚未找到該問題的適切答案。

生產性

讀者諸君是否漸漸對「資本主義完全沒有任何正面的意義嗎？」這一點產生疑問呢？以及「即使如此，資本主義仍存留下來，而且還產生出各種技術方面令人驚異的進步及令人耳目一新的經濟成長，不是嗎？」

事實上，資本主義最饒富趣味的事在於，利用不能稱之為正面的貪慾及個人主義，能夠產生出很大的利潤一事。到目前為止，資本主義是作為唯一能夠維持高度生產性而留存下來的經濟體制。然而，全世界的人無疑地，因產業資本主義而造成高度水平的生產性，因而深受其高生產性的恩惠蒙福。的確，這世界從一九五〇年以來，為了養活膨脹了兩倍以上的人口，可以說最需要的即是高生產性。

從歷史上的角度看來，所謂生產性的成長，最需關注的就是經濟統計上的數字。資本主義長期以來，可以說至目前為止幾乎毫無間斷地持續擴展其生產性。也就是說每一單位的投資或者勞動工時的產出變多。生產性一旦提昇，則實質工資大抵會自動地隨其上昇的比例而增加。在這基本資本主義的原則之下，資本家和勞動者雙方均能同時得到滿足，資本家投資愈多愈賺錢，勞動者愈勤奮工作，能領到愈多其應得的工資。

但是，在一九九○年代的美國，這種生產性和工資的關連性被切斷了。在一九九○年代最開始的六年之間，生產性雖然增加了百分之七，但是實質工資的中心值卻下降了百分之三，對於工資在中心值以下的人而言，其工資下降更多。這的確可以說是資本主義本質的革命性變化。從美國的歷史看來，一直以來，國民所得位於三分之二以下之人的工資與所得位於三分之一以上者的工資，都齊頭並進一起成長。但是在過去二十五年以來，位於前三分之一與後面三分之一的工資，其落差逐漸在擴大。

工資的減少有幾個原因。其一是，經濟往服務性經濟的變遷。而服務性經濟很難正確地測定其生產性。造成實質工資減少的另一個要因是高科技全球性經濟的到來。下一章將詳細論述這種經濟上的轉移，在此僅說明，在現今時代裡，很多原由高薪資勞動者擔任的工作可由技術來取代，或由開發中國家中低薪資的勞動者來代替。這樣當然會降低工資。

此外，即使有適當的技能且不嫌工資少仍願意工作的失業勞動者，企業也不會繼續給公司的員工加薪，這種在第二次世界大戰之後形成的沉默的社會契約也發生了變化。即使在日本，也慢慢地開始發生這種社會契約的變化。現在日本企業也不想繼續留住對公司沒有貢獻的員工。

經濟學者把加薪的保證當做是為了促進團隊精神及士氣的必要措施而將之合理化。但是，由於共產主義和社會主義的結束，以及工會的衰退，企業不必在乎員工的「自發性」的協調。企業可以變得更冷酷，可以把「恐怖」當作激發員工動機的一項技巧。很多人與其選擇被雇主解僱而回到嚴格且不確定的勞動市場，寧可願意選擇忍受現有的工作，即使無法加薪也不在乎。

且讓我們看一下美國勞工部稱為「非管理職勞動者」（約占勞動力的百分之

八十）的工資數據，其實質工資從一九五〇年到一九七三年為止是增加的，從一九七三年以後開始減少。從現在的趨勢來推測，到了二〇〇〇年，這些勞動者的工資，或許會變得和一九五〇年的工資是差不多的。在相同的半世紀之間，生產性即使成長了百分之二十八之多，但其工資卻維持在同一水準。

到目前為止的資本主義國家，看不到這種模式，問題是，資本主義體制是否承受得住持續下降的實質工資對社會安定所帶來的壓力。這正是現在資本主義的要地——美國正在接受的考驗，至於此問題的答案，現在尚未找到。

近視眼

關於資本主義，最後想舉的特質是先天性近視眼。資本主義一生下來就是近視眼，現在開始很清楚地發現資本主義缺乏先見之明。

資本主義有趣的一點，然而有時候也很恐怖的是，沒有對過去的記憶，此外對未來也沒有遠景。在像封建主義的社會制度裡，有連結現在和過去的強烈的傳統。在此制度裡，由神授與王權，存在與歷史開始有關聯的君王。或者讓我們來看一看古代埃及的社會。在埃及社會裡，有極富先見之明的遠見。死後的世界遠比今世重要，因此，他們著手建造金字塔，歷經了好幾個世代而終於能完成建造金字塔這項偉大的工程。

反之，資本主義只相信今世及現在。資本主義是一種宣稱不考慮未來也不思考過去的主義。我在大學任教時，教導年輕世代的美國人，深有此感。那些學生們關於在他們出生以前所發生的戰爭，幾乎都毫不關心，對他們而言，好像未曾發生過戰爭一般。越戰對現代的美國大學生而言，與黑暗時代的百年戰爭沒有兩樣。「在我出生以前所發生的事，與我無關。」這就是現代年輕人的基本態度。

在資本主義體制裡，所謂「未來」，頂多是五、六年後的事。資本主義的基本原則，不是在於為了使資本主義能持續到遙遠的未來，該作些什麼；而是著眼於，現在在此要怎麼做才能獲得最大利潤。尤其在大型企業裡，最高階級

的經營管理人員（ＣＥＯ）本身因為是被聘用的勞動者，所以使得資本主義這種先天性缺乏遠見的缺點，更加惡化下去。要求立竿見影的效果，否則的話，就會遭遇到被強硬解僱的下場（此外，或許會給一筆高額的退休金，作為臨別的遣散金）。經常被股東監視，要求要增加利潤及提昇股價，如此一來，怎麼能夠考慮到二〇二〇年未來的事呢？

共同體、傳統、強烈的家族團結意識等因素，自然會影響人去關心過去及未來的關連性。在傳統及儀式中，會令人想起過去，為了自己所存在的共同體及子孫們將來所要溶入的共同體，自然會關心將來所要建構的共同的未來。但是在今日社會裡，共同體、傳統，甚至連家族也好，都從現代社會所引發的事件中承受很大的壓力。

我們變得似乎愈來愈關心未來世代的事。或許會去擔心子孫們的事，但是對於絕對不可能看到的曾孫及未來世代的事，為什麼需要去操心掛念呢？

為什麼將未來之事放進自己的視野變得如此重要呢？資本主義缺乏先見之

明為何成為令人不安的因素呢？關於此點，可以舉出很多理由，但在此，筆者僅想簡單地提出兩個問題。

在所謂的「情報社會」裡，知識是最重要的資源，缺乏先見之明會妨礙經濟和社會的進步。為什麼呢？因為基於資本主義原則而經營的企業，所不想作長期且大規模的投資，這正是為了促進二十一世紀社會安定所不可或缺的一股力量。

首先，第一是關於培養技能、知識、創造性教育方面的長期投資，在人的知識的重要性愈來愈增加的今日經濟社會裡，變成空前的重要。沒有以充實的教育投資的形態面對未來投資的國家，在地球規模競爭激烈的二十一世紀的經濟環境裡，可以說是冒著敗北的危險。

此外，這些不為教育作更多投資的國家，在面臨任何人都不需要的低熟練勞動者的增加、以及將來與高熟練度的腦力勞動者的分極化社會，都是在冒著極大的危險。此外為了情報基礎建設及完成，其所需投資的規模也相當龐大。

如果所有的計算都基於沒有遠見的資本主義的考量而行的話，則沒有任何事能夠成功的吧?!

此外，另一個熱門話題是環保問題。在第五章將提到此主題，關於環境問題的本質，人們有很多的誤解。無論如何，為了解決此問題的一些重要情勢，的確是需要有長期的展望。例如，地球的溫室效應並非立刻就能看出或表現出來的，所以很多產業資本家不去承認地球有面臨此威脅的可能性。但是，如果地球溫室效應是事實的話，等到該影響真的開始表現出來之時，才採取措施來因應，那就太遲了。有很高的可能性是需要採取長期性的防止措施。但是可惜的是，現今的資本主義也好，政府也好，無法妥善因應。為遙遠的將來考慮現今所應採取的態度一事，在今日雖然變得日益重要了，但是我們的政治、經濟體系似乎忘記這個事實。

貪慾、個人主義、高的生產性、近視眼等這四個資本主義的要素，將經濟發展至今天的情勢。但是這四個特質，此後很明顯地不能將我們引導到一個更美好的未來，不是嗎？如果考慮到在過去二十年之間，世界上所產生的種種進展，或許產業時代的資本主義會和未來的需要及現實發生激烈的衝突。

現代社會的緊張關係

在本章的最後，將探究一些資本主義及制約二十世紀的其他因素之間的關係。因為這些關係也變得愈來愈緊張，所以有必要迫切去探索新的途徑。

資本主義是二十世紀的一股強大的推動力，關於此事是無庸置疑的。但是，資本主義絕非孤立的存在，我們之所以能夠發展至今天的情勢，是資本主義與其他因素產生相互作用之故。

資本主義與民主主義本質的不同

形成二十世紀的另一股主要的勢力是民主主義。然而和資本主義的情況相同的是，民主主義也是和互相競爭意識形態的體系相衝突過程中，獲得勝利而留存下來。在今日，幾乎所有的人在提及民主主義和市場經濟，也就是資本主義，好像兄弟一般是最自然的一對組合。或許是因為產業資本主義和代表制民主主義，幾乎同時在世界的各個角落擴展開來，所以使人們產生這個經濟和政治體制，這兩個體制是完全調和且共存的錯覺。

但是，揭曉一窺其真面目，民主主義和資本主義的核心價值觀，其各自很明顯的是不同的，不是嗎？民主主義肯定極端的平等。也就是說，不拘其頭腦好或壞、勤勉或怠惰、博學或無知，一人都是有一票。不管他是否對社會有所貢獻，在選舉日，每個人一樣都是有投「一票」的權利。就歷史上看來，幾乎沒有任何統治者會支持這種極端平等的體制。現在我們給所有的人都是一票，與知識、財富及在社會的影響力無關。如果能將民主體制的這種貢獻，說服過去羅馬帝國的凱撒大帝的話，結果會變得如何呢？

另一方面，資本主義肯定極端的不平等。經濟收入的差別而產生出其動機的構造，基於此人人都願意繼續勞動，並且繼續為眼前的未來投資，在健全的資本主義體制裡，不平等可以煽動必要的競爭。在市場經濟裡，富者變得更富，貧者愈貧。為什麼呢？那是因為對人及物的資產投資將成為將來的所得，這些投資是取決於現在的所得多寡。

資本主義本身並沒有納入平等化構造。認為經濟環境中的適者會把經濟上的無能者消滅掉。其實，所謂「適者生存」這句話，是由十九世紀的經濟學者哈佛・史賓塞所創，而被查爾斯・達爾文說明其進化論時借用。以十九世紀的資本主義的嚴格的見解看來，經濟上的飢餓在此經濟體制裡扮演了相當積極的角色。資本主義其實並不需要像民主主義之類的體制，與奴隸制能更容易共存，這可從十九世紀的美國得到印證。

民主主義和資本主義在基本的立場是正好相反的。而這兩者的基本價值即使不同，資本主義與民主主義之所以能夠共存，如同前面也提過的，是對於社會福利及教育的公共投資。馬克斯不能預先知道使近代社會變得堅強穩固是仰賴社會福利及公共教育，尤其是公共教育。

在民主的資本主義國家裡，為了使市場的結果平等化，國家採取一些措施（例如累進稅率等），幫助弱勢者取得一些必需品（例如對於房屋貸款採取特別稅免除）。對於已不再被市場需要的人，國家會以年金、健康保險、失業保險等形態提供援助。然而國家幫助人民有一技之長，也就是幫助人民能夠學習公共教育，至少具備能夠糊口維生的能力。

民主主義所成就最重要的事是，把父母的所得與子女們受教育及學習技能的能力之關連性切斷。透過公共教育，人人都能學習到參與資本主義競爭，所需具備至少某種程度的必要能力。如果沒有公共教育的投資，不能有意義地參與經濟活動的文盲及沒有任何技能之人，恐怕會增加吧?! 此外，正如馬克斯所

預測的，會使社會產生出危險的斷層。

在民主主義的體制之下，國家顯然是捍衛平等的一方。民主主義國家對於使不平等擴大的資本主義的傾向，作為均衡化的要因而產生作用。低收入者以及中所得者可以當作在政府（或者法院）有朋友。為了享受成功且滿足的生活，不需要去顛覆原有的體制。

在二十世紀大部分的時間，民主主義和資本主義相互雖然有緊張的關係，但是都能夠在比較安定的平衡狀況中共存。從二次世界大戰之後到一九七〇年代初期、生產性上昇、工資增加、國際經濟持續擴大的資本主義的黃金時代裡，或許會被認為這兩種體制的配合，對於所有的問題都有完美的解決方案。

但是在今天，在這調和的情況中產生了不容忽視的分裂。對於資本主義、民主主義社會體制安定的壓力增加，社會福利也好、社會投資也好，以及全球性經濟、國民經濟的變化，因為這些變化而使這兩種體制面臨威脅。

從北歐各國的經驗也可得知，廣範圍的社會福利制度在理論上或許很理想，但實際上的問題是十分難以維持。

首先，百分之五十的所得稅，此外百分之二十幾的消費稅，所得一半以上被政府課稅，稅的負擔持續增加。要永遠保持這樣成長得比經濟快速的社會福利制度是不可能的，在北歐，這種嘗試好像已達到極限。

然而世代交替之際，在失業津貼及疾病補助十分優厚的體制，會產生激發動機的問題。

例如，在一九八〇年代的瑞典，有十分豐厚的疾病補助制度，到一九八〇年間維持三十年不變。在一九六〇年代時，這制度的確發揮很大的作用。因為沒有人不當利用此補助制度。因為那時候的世代，對自己努力確立出的制度所以深感自己有某種道德上的義務。但是，三十年之後的世代，也就是在這種福利制度確定之下被培育出來的世代，在今日社會，每週都有多的相當驚人的人請病假。他們不僅在週末請假，星期一和星期五也請病假，而能領到當天的工資，這是該制度的現狀。

即使在福利制度相當健全且發達的荷蘭，也有百分之二十的人登錄為殘障者。在今日即使只是腰痛都被認定為殘障者，但如果在三十年前這是連醫生都不去診斷的小毛病。然而現在不必工作就能接受政府補助。

瑞典也好、荷蘭也好，實際上社會和法律並沒有任何改變。改變的只是下一代的享用這社會福利制度的人的心態罷了。第二代及第三代的子孫們，本來沒有必要請病假也請病假，用種種辦法登記各式各樣的殘障，濫用此福利制度。在最初世代的眼中認為是極重要的特權之物，但到了下一代就當之為權利。因此國家要去維持這福利制度變得愈來愈困難了。

而且，在所有的產業國都有人口高齡化的問題，給福利制度更大的壓力。這也正是日本目前所面臨的問題。面對持續增加的高齡人口，政府支出愈來愈增加，對於此問題，一定得設法改善不可。往往會透過對其他族群社會津貼的限制、削減對教育、基礎設備、基礎研究，也就是對未來的社會投資的費用以維持所需的經費，或者政府必須採取增加課徵所得稅的方案以平衡預算。

在全球化經濟的社會，增加稅收變得愈來愈困難。一旦所得稅增加，企業所必須支付的實際工資就需要上昇，如此一來，國內產業及僱用會被海外低工資的國家追過去。然而留下來的人就必須支付為了給付給老人各項福利措施而變得更高的稅金。這種現象及過程就如同最近在歐洲所表現出戲劇性的變化一樣。

一旦減少對教育、技能、基礎設施、知識性的生產（研究開發）的社會投資，該社會及勞動者在全球性經濟的大環境裡就會降低其競爭力，使未來社會及經濟的進步面臨危險的處境。因為資本主義的時間性視野是近視眼而缺乏遠見的，所以要針對這些長期的課題採取明智而妥善的對策是很困難的。但是如果不至少考慮到三十年後或五十年後的未來，會容易忽視掉對社會投資這方面真正的需求。

社會福利津貼的減少、教育投資的減少，有可能會產生「失業無產階級」（十九世紀馬克斯的專門用語）或者「Under Class」（二十世紀的用語，比下層階級更低下的階級），也就是不隸屬於經濟或社會體制的人。其中，也許也有人會不接受福利救濟而即使工資不高也努力去工作，也有人拒絕去參與他們所漠不關心的社會而成為流浪漢或臨時工以糊口度日。他們的技能和習慣都很粗陋，每一家民間企業都不需要他們。這是今日已經可以看到的現象，這樣的人如果持續加增，則不久之後就會使社會產生問題。

這一世紀以來，使民主主義和資本主義結合在一起的體制，已經開始顯露出這種破綻了。由於產業提昇為全球化以及技能集約型技術，造成所得差距變大，政府面對此變化的結果看起來似乎束手無策，或者沒有推動任何政策加以改善的意願，面臨低實質所得結果的大多數勞動者，遲早有一天會對民主主義表示不滿。

在歐洲方面，工資沒有減少之人的失業持續增加，極右派獨裁主義的非民主主義黨已經在法國及澳洲都獲得相當程度的支持。接下來在二、三十年之內，日本的人口結構將呈現世界上最高齡化的現象，這也是不容忽視的問題。

尋找出讓民主主義與資本主義能作為共生之體制並將之完美地結合起來的方法，將成為下一世紀經濟及政治問題的中心。其答案一定得從社會投資國家的新活性化當中找出來不可。

但是，即使在今日美國這樣的國家也沒有發生這樣的問題。在過去二十五年，美國的聯邦預算，對未來的投資刪減了一半的預算。接著在柯林頓總統及共和黨掌控的議會運作之下，期待著二十一世紀初的均衡預算會有更大幅度的刪減計畫。

此外，隨著個人主義的增大，在美國對公共教育的支出的支持正在減少。人人都不能理解孩子的教育，尤其是別人的孩子的教育，為什麼對自己而言很重要。很多人說道，換成私立教育好了，那將是能夠更細密因應的先端體制。但是他們忘記了，歷史上不曾有過藉由私立教育的推行而使得全國人民完全能讀能寫。因此這是不可能的事。

父母們為了子女接受適當的教育，無法投資必要的金錢，或者不願意去投資。公共教育如果沒有堅固的體制，識字的水平會下降，會使得社會的不平等的層次擴大。在羅馬帝國的極盛時代，幾乎所有的人都識字，但是九百年後的今天的產業社會，尤其是在美國，文盲的人數增加，從能讀能寫的狀況後退到不能讀不能寫的狀況。人人如果輕忽公共教育，則將使社會步上不安之道。

全世界中，使預算及對未來長期投資需求取得均衡一事是一項十分重要的課題，但至今幾乎仍被輕視。但是如同民主主義和資本主義仍能持續維持一種合作關係一樣，必須找出新的結構和計畫。

在「主權國家」所培育出的資本主義已經無國境的存在

資本主義是在主權國家的框架下成長起來的。實際上資本主義需要大的市場及共通的法則，就此意義而言，資本主義對主權國家的形成及強化可以說是扮演著很重要的角色。要同時擁有共通的法規及比地域性市場大的市場，唯一的方法就是要擴大主權國家的權利。資本主義在二、三十年前為止都恰如其分的充分發揮其功能。因為不受限制的經濟活動，在主權國家之間也就是在國際性的架構之下進行。

但是在過去二十年之間，世界產生了戲劇性的變化。在今日所面臨的最大危機之一或許是我們並不想去認識世界所發生的變化。如同筆者在《資本主義的未來》一書中所談論到的，現今的世界如同一世紀前從地域經濟轉移到國民經濟一般，正從國民經濟轉型到全球性經濟。從地域經濟移轉至國民經濟之時，政府制定了必要的法則和規制；但是從國民經濟逐漸轉為全球性經濟的今天，欠缺監督經濟活動的法規。

提到國民經濟甚至都已經變得沒有意義了，國家政府怎麼也沒有理由能夠控制全球性的經濟活動。然而，能夠取代過去主權國家所曾扮演角色的體制也好，全球性的統治也好，全球性的法律也好都不存在。如前面所論及的，要維持二十世紀資本主義社會的安定，是所謂平等投資的政府決策。在競爭激烈的全球性經濟環境之中，在何處能夠如何找出適當的平衡，此事已經變成了重要

的問題。

現在我們努力想去解決在全球性經濟環境下所有一連串的問題。知的所有權是其一，地球規模的環保主義也是其中之一。但是，並沒有所謂地球政府的存在，此後也不可能存在，所以實際上是不可能制定法律的。

一九九七年在京都所舉辦的一場會議，論及地球溫室效應的問題，其中也清楚地提到，對我們的時代及未來而言，重大的問題是要達到地球規模的全體意見一致，這是一個極難的課題。各國的政治家們，宛如我們是生存在主權國家的世界中，持續採取原來的行動。但是，實際上眼前二十一世紀人類所面臨最緊急且重要的問題是在個別國家的框架之下已經無法解決的了。

雖然有像ＩＭＦ（國際貨幣金融組織）及世界銀行等機構的存在，但是從一九九七年到一九九八年在東南亞所發生的金融危機中，可以明白的是，這些機構並非因全球性經濟的出現而產生，並非為了解決地球規模的貨幣問題及國民經濟的失敗而規劃出來的。ＩＭＦ是為了解決在富裕的產業國家臨時所發生的國際收支問題而成立的組織，並非為了解救因連結性全球性經濟的變動而引發不安的國家全體。然而世界銀行的成立是因為要解決大規模的基礎建設計畫的資金融資問題。如果這兩個機構中，有其中之一是為了解決世界規模的通貨、股市及銀行危機而設立的話，則會有全然不同的成立方式。

如上述一般，我們用落後於時代的工具解決新的問題。統治形態、大型金融機構、政治和經濟概念，還牢牢地深植在主權國家。資本主義在全球性經濟之下，是否能有效地發揮作用，或者要如何才能發揮功能，這方面的探討是我們全體應該努力的另一個重大課題之所在。

技術革新與資本主義之間的困境

最初使資本主義能加速發揮作用的技術性發明就是蒸汽機，但是在初期的資本主義裡並沒有所謂的體系性技術性革新的概念。發明蒸汽機的瓦特也好，發明溶礦爐的貝塞馬也好，基本上而言他們都是工人，他們甚至不知道他們自

己作了什麼。他們的教育水準很低，例如貝塞馬並不了解是什麼使其溶礦爐發動，他只是一直亂改造直到發動為止。

到十九世紀為止技術的創新，幾乎都是工人的工夫所造成的結果，其改革並非基於刻意技術革新的計畫的思想基礎而產生的成果。讀到十八世紀末，或十九世紀初的經濟學者的著作，會感覺到，當時的技術革新似乎有點像是來自上天的恩賜。在《國富論》一書中，完全沒有提及技術的進步，當然，技術如果存在的話，資本主義是十分善於利用這些技術去產生利潤，但是並沒有所謂資本主義是新技術暗中的催化劑的這番理論。

對亞當・斯密而言，他的技術革新的概念，如果打個比方說，是別針工人的分工。取代工人一個人獨自完成一根根的別針，而將其作業分成好幾個作業程序，由不同的人擔任各自的工作，反覆相同的程序而加以完成。這是使生產性增加的一種手段，但是所謂技術革新的概念在亞當・斯密所考慮的企業裡並不存在。

最初將技術置於一種合理的科學基礎之上的人是十九世紀的德國人，他們產生出有系統地使技術進步為目標的這種想法。十九世紀產生的德國化學工學產業就是基於這種概念。

但是，技術革新成為社會和經濟上一貫變化的力量是二次世界大戰之時。不論喜不喜歡戰爭，但戰爭在這一點上，扮演了極為重要的角色。因為為了要開發雷達、噴射機、原子彈等物品，而作了相當有系統的努力。然而在此過程當中，人人都設定明確的技術目標，並進一步能夠達成目標並從中有所學習。被認為現在滲透在我們之間所謂技術革新是可以故意計畫的這種概念，是過去半世紀前才開始發展的想法。

在此有一件十分值得關切的事是，對於基礎科學、生物工學及網際網路等具有突破性創新的大技術的投資，並非由資本主義擔任而是政府。因為，如果資本主義的本質改變而任憑所謂「市場的原理」運作的話，那麼基礎性的技術革新是否能如此改變社會的樣貌則是十分令人懷疑的。

即使看一看今日民間的研究開發部門，幾乎所有的公司，雖然都大抵從事開發項目但都不執行研究的部分。如同貝爾研究所及ＩＢＭ研究所一般，公司幾乎完全獨占全部市場，有從事基礎研究餘裕的情況等例外的時候，多少會作。但是電腦技術、電晶體、半導體或者生物工學等方面技術開發的投資，資金是政府所支出的。

像美國一樣，由大學的研究所從事研究的國家也有，如德國一樣，由國立研究所執行研究的國家也有。多數的研究是由軍隊所推動的。

要促進現代社會的基礎研究，有兩項要素。那就是健康保健和軍隊。人總是想活得更久些。因此在生物學的研究方面能夠獲得很多的資金。然而在冷戰期間，人人都恐懼著，對方會作出比自己所製造的飛彈更快速，武器會更精良。

雷諾・雷根所提案的，保護美國的大規模飛彈防衛系統、「星際世界」構想，甚至連提出此構想的人們都認為，到這系統能運作為止大概要花三十至四十年的時間。民間企業絕不可能自發性地著手從事這種投資吧?!因為，如果是聰明的資本家，絕對不會著手進行一項計畫，而這計畫要花數十億美元之多的資金，到能發揮功用或者產生利潤為止，要花上半世紀之久的時間。

如此一來透過軍事研究，使我們能夠擁有比純粹資本主義的時間性視野更長期的視野。反之，冷戰一旦結束之後，這時間性的視野，看起來又要從過去好幾十年持續下來的長期且大規模的地政學、軍事性的時間視野，退回到缺乏遠見的近視眼的資本主義視野。冷戰的結束對人類全體而言，的確是一件美好的事，但是在我們思考當中，認為，接下來要計畫技術開發之時，如果沒有以怎樣的形態再將未來的展望列入考慮的話，應該會面臨困難。

如果將基礎性的研究，完全委任給純粹資本主義作決策的話，在五十年後，或許會變成缺乏必要的技術基礎建設，民間的產業雖然會從事針對市場製品的發明及提供開發的資金，但是基礎研究也就是使製品化成為可能的基礎建設，經常是由政府提撥經費而加以完成的。網際網路就是典型的例子。其初期龐大的投資是由美國的官軍複合體所完成的。待其基礎技術已能登上市場舞台之時，私人企業才開始進來參與。

在二十一世紀的地球村世界之下，應該成立所謂的世界科學財團之類的組織，也就是成為所有國家及地區都能夠利用的地球規模的知識寶庫。因為這將有助於大大地提昇未來正面技術進步的可能性。但是，這地球規模知識寶庫的理想，看起來似乎無法實現。能夠提供資金的地球政府既不存在，在今日經濟競爭的環境之下，樂意去提供必要的資金及專門的技術以致力於集體地球規模進步的私人企業當然不存在，國家的政府也幾乎是不存在。

要到看得到這種財團所產生的效果為止，要花費相當長一段時間。因為，一種新的概念在科學上成為可能實行的時點和能成為重要經濟製品的時點之間，通常有半個世紀的時間落差。但是，如果沒有人能找到針對二十一世紀基礎科學研究所需花費資金的來源，結果，會使商機縮小。

如果在大學有修到經濟學的基礎課程，就會提到生產邊境。然而資本主義最擅長的就是使我們達到生產邊境的目標。透過合理化、生產性的擴大以及利潤極大化等方法，企業為了使生產性增加而努力不懈地工作。但是在經濟學的教科書裡，卻一點也沒有提及將生產性的邊境向外擴張一事。

但是，技術革新所可能實現的，正是將生產性的邊境向外擴張的目標。藉由技術革新可以擴大其邊界也就是生產可能性的界限。所謂情報技術的出現，我們看到經濟和社會徹底革新的樣貌。然而如今，此邊境的擴大也正在改變著資本主義本質本身。

在人所創造的智力產業的時代裡，最重要的已經不是機器和設備，也不是以資本主義之名而求的資本。在今日，成功是由於知識、智力以及創造性所造成的。這些促成成功的要素，都不是可以持有的。所謂資本主義，連最基本的資本都不能持有，究竟是一種怎樣的主義呢？我們要怎樣有意義地利用比機器更捕風捉影且抽象的，但更強而有力的知識力這項無形的資產才好呢？這些都是資本主義為了藉由技術改革而擴大生產邊際所將面臨的課題。

資本主義能否有未來？

在人類的歷史舞台，沒有永遠持續不斷的王朝。即使連最偉大的帝國也在其極盛時期的顛峰走向衰敗。今日我們的疑問是，資本主義是否正在走向其終結之道呢？如同到目前為止所論及的，在政治、經濟及技術體制之間，存在著許許多多緊張的關係。這些矛盾是否與資本主義的消滅有關呢？然而，這些矛盾如果與資本主義的消滅有關，則又將在何時發生呢？

大的社會經濟體制，慢慢地發生改變。的確有一些表面的變化創造出完全嶄新的環境，但是我們現在所處的環境之中，作為活動根據的一些法規，都十分死板且變化遲緩。從歷史當中得到的另一個教訓就是，即使是一個很粗糙簡陋的體制，也會持續很長一段時間。

在封建主義之下，幾乎所有人都過著相當悲慘的生活。封建時代的生活水準，比起古代的羅馬和希臘的生活水準還低。封建主義雖然明明就是一種簡陋粗製的體制，但仍然持續了一千年之多。

資本主義顯然地不會突然面臨瓦解的命運。為什麼呢？那是因為沒有取代資本主義的經濟體制的出現。在二十世紀時，全世界的人所嘗試的方法全都以失敗告終，現存的體制只有市場經濟，也就是資本主義。經營企業者，如果不是資本家，應該如何稱呼才好呢？或許可以稱之為市場經濟的擁護者，但這不過只是資本家的另一說法罷了。即使在頑硬的共產主義國家，都採用資本主義的市場原理，在不遠的將來，他們也將加入同一地球規模的資本主義經濟。

取代今日資本主義的經濟體系並不存在。但是很明顯的是與資本主義相同誕生於十九世紀的經濟體系，已完全不適用於二十一世紀的世界。發生於產業主義社會的不平等的擴大，不僅產生了民主主義與資本主義之間的摩擦，技術使資本主義的定義模糊不清，也產生與現實的不調和。

在今日所迫切需要的正是探險的精神。我們的經濟社會體制也許不會突然地發生瓦解，也或許沒有必要引發突然的革命性變化。但是，我們必須去探究實行經濟生活的新方法，為了有助於去創造一個更美好的未來，必須再發現更長時間性的視野。

為了經濟的成功及社會的安定，在各式各樣的要因都正朝著短時間性視野發展的此時，正是需要有更長期性視野的時刻。哈佛大學的社會生物學者愛德華·O·威爾遜認為在人類的遺傳行動規則之中包含了短時間性的視野。因為在史前時代人類生命極不安定且短暫，很少有超越家族及部落階層的協助，所以經由遺傳因子，人類在作計畫之時只能考慮一世代之後，或者頂多兩世代以後的事。這是愛德華的說法，人類原本就視不遠的將來有極高的價值，對於遙遠未來之事，幾乎都漠不關心。

但是，關於遺傳因子學的部分，要相信哪一部分呢?從歷史可以清楚得知以下的事。例如在埃及和羅馬的人，幾千年以來，他們都能夠去維持相當長期的共同體利益，他們視長期共同利益比短期個人利益更重要。如果我們不能再次去探索這種長期性未來的視野，我們每天在作經濟性的決策上，即使有最有才能的資本家，在面臨大災害的緊要關頭也或許會犧牲掉我們全體文明的成果。

為了要探求新的經濟學的方法，首先要去了解在過去二十年來，在世界舞台上所發生基本的變化。然後接下來要去看一看近年來所表現出經濟的現狀。

第三章

新世界的發現

發生革命性變化的經濟環境

經濟的地殼變動——重新思考五個問題

讓我們再重新看一下這則關於克里斯多法・哥倫布的笑話。「他不知道去處，而且到了抵達之處也不知自己身在何處。」

在提到關於經濟的狀況之時，處於今日的我們，在各式各樣的意義之下也可以說和哥倫布有相同的狀況。使經濟的地殼發生變動的各種基本勢力，將我們帶到幾乎想像不到的地方，然而我們慢慢地發現到新的世界竟是完全未知的場所。為了談談關於這個新世界之事，不得不發明新的詞彙，為了要在這個新的世界中生存、活動，必須去制定出全新的法規。

在拙著《資本主義的未來》一書中，筆者論及今日資本主義的基礎正在動搖。世界經濟發生了很多異常的事態和不可理解的現象。這些現象相當於經濟

地震或者經濟火山爆發。但是，這些火山爆發及地震，是在我們經濟構造的相當深的內部所引發的變化，不只是表面的現象而已，如果期望能夠平安地航行到新世界的海域，我們一定要去理解促成世界改變的基本勢力不可。

在《資本主義的未來》一書之中，我將這些勢力，借用地質學的用語稱之為「經濟板塊」。地表隨之發生變化。在地球上所看到的地震及火山爆發，是由於巨大的地殼構造上的板塊運動所引起的。我把使地球經濟的地表變形的勢力，稱之為五個基本的經濟板塊。

第一個經濟板塊為共產主義的消滅。隨著蘇聯政治體制的瓦解，十九億的人口，幾乎是在一夜之間都參與了資本主義的世界。這種改變在種種的意義下，使經濟形態發生變化，對企業而言也好，對主權國家的國界而言也好，都帶來了無數的結果。

第二個經濟板塊是從基於天然資源的產業，提昇為人為的智力產業。產業構造全體、以及工作、財富意義本身都發生了變化。

第三個板塊是發生在這世界上的大規模的人口變動。隨著人口的增加，人口結構也逐漸呈現高齡化的問題。這也是人類史上最活躍的轉變。如果有權者的多數都是六十五歲以上的人，則世界將變成如何的狀況呢？這也許就是二十一世紀初將發生在日本的現象。然而，永久性或者一時性的在不同國家之間移動的人口如果增加的話，將對經濟造成怎樣的影響呢?!

第四個板塊是真正的走向全球性經濟的動態。國民經濟正慢慢地步上窮途末路。在現今地球的任何地方，什麼東西都可以生產，並且也能將所生產之物賣到地球的各個角落。這現象對企業的作法及經濟學的概念，究竟代表著什麼意義呢？

最後，第五個板塊是，從主要超大國唯一存在的世界轉變為多極化的世界之動態。在多極化世界裡，並不存在決定競爭法規的支配強國。在過去兩百年以上之久的期間，都經常存在一個支配性大國。但是，到了二十一世紀，所有的國家都是資本主義國家，不存在一個國家擁有統治其他所有國家勢力的現

106-

台北市新生南路3段88號5F之6

揚智文化事業股份有限公司　收

姓名：

地址：　　市　　縣　　鄉鎮　　市區　　路(街)　　段　　巷　　弄　　號　　樓

（請用阿拉伯數字書寫郵遞區號）

電話：(　　)

FAX：

象。或許可以看到空前公平且自由的世界。但是，該如何進行經濟競爭，關於其明確的法規則尚未制定。

有人會問及：「為什麼在談到主要經濟板塊之際，沒有論及地球環境保護主義呢？」的確地球環保的趨勢，在過去二十年，或許可以看成是使經濟改觀的要因。但是，筆者與其將環保主義視為基本變質的勢力，不如將之視為限制體制的力量。換言之，環保主義並非促進體制的變化，毋寧將其視之為約束體制之思想。筆者不認為環保主義能從根本上改變競爭的法規。因此決定不將環保主義的趨勢列入五大要因之內。

在此，我不再重述這五個板塊的特徵，但想提一提幾項關於因這五個變動所引起的變化。然而這些變化並非只是表面上的變化而已，願讀者能理解這些變化是改寫企業法則的基礎性變革。在法規更新的世界裡，必須有新的策略來因應。因此，特別是對企業家而言，去理解這五項經濟板塊運動所帶來的地殼構造的改變是十分重要的事。

筆者認為，如同共產主義宣告終結一般，一部分板塊運動的影響，或許會在二十年之內完全消失殆盡，但是，這些力量將來對我們將持續造成更長期的影響。就算共產主義終結，也尚未完全被世界經濟所吸收。現在正是連原本是共產主義的國家也好，像北韓、中國、古巴等留存下來少數共產主義的堡壘也好，世界上其他國家也好，都正想去理解這種戲劇性的轉變對經濟學的實踐及理論有何意義的階段。

我們也可將這五種趨勢的力量視之為奔流在此後所要探險的海域底層的潮流。預先知道這些潮流的特徵能有助於航海者去避開二十一世紀初期波濤洶湧危險的海域以及隱藏的礁岩，而有一段更平安的航行旅程。

對於海面是否能再像二、三十年前般風平浪靜此一疑問，尚未有答案。筆者認為，我們現在處於波濤特別洶湧的海域，突然經濟性變化的波浪——有的人喜歡，也有的人不喜歡——至少這艘船要繼續搖晃二十年的時間。此後或許會朝向更平靜的海域向前航行，但是在二十一世紀，變化的速度極有可能會變

得更快。因此，務必要去理解這些潮流的特質，盡可能地熟習掌握適合自己的「航海技術」。

1. 共產主義解體的波動

關於共產主義的終結對政治經濟體系所造成的影響，現在慢慢地變得比共產主義剛解體之後那段喧囂期更加明朗化了。

首先第一是，現今資本主義沒有明顯的競爭對手。這件事反過來說，或許現在形態的資本主義，面對未來的改革會變得困難。現在你如果不是「資本家」，或者「自由市場專家」，你將如何定位你自己才好呢？除了資本家之外，沒有其他的選擇。

曾經有世界上約百分之三十五的人口，生存於資本主義以外的經濟形態。但是現在包括中國，所有的國家都參加所謂資本主義這種相同的競爭體系。在一九九八年初，甚至連正經八百的共產主義的黨報《人民日報》，在上海發表

了從一九九八年將增闢金融版以刊載上海及深圳的股市數據資料及圖表。作為共產主義宣傳用要塞的報紙，因需與更流行且敏感度高的報紙競爭，將面臨喪失其市場占有率，也趕上股票市場的風潮。

如果是從事與商業有關的人，對於伴隨著共產主義的終結，經濟性地理如何發生變化此一事，或許有更直接的體驗吧?!今日，對於以前的非共產主義國家而言，這不可接近的龐大地理領域呈現在世人面前，天然資源及人的資源的偉大寶庫對現今全世界的企業而言，都變成可能利用的資源。然而，競爭的環境或許也會變得更激烈吧?!因為將有十九億的人口，會重新投入地球規模的資本主義經濟參與競爭，在多數的產業中，明顯地會使競爭變得更加激烈。

但是，同時，地球規模的協調之可能性，也將變得空前的大。今日，幾乎世界上所有的國家都決意要基於相同的法規而採取行動。要去看透其法規是怎樣的法規是很困難的，但是根據我們都願意參與同樣的競爭，遵循相同的法規此一事實，企業競爭能夠被定位於所謂前所未有的地球規模協調的架構之中。

在今日，日本人也好，俄羅斯人也好，想要在全球性的舞台上獲得企業經營的成功，幾乎都要立足於相同的基本之上。

狀況改變的企業環境

共產主義消滅的結果，有一部分產業，特別是石油產業成了全新的產業。

曾被譽為世界最大產油國是沙烏地阿拉伯，但是事實絕非如此。其實，蘇聯永遠是世界上最大產油國。但是，只要他們不參與世界經濟，就不將其列入考慮。現在，他們也參與資本主義的經濟活動，然而在去年的確發現了世界最大的石油埋藏地。這片大油田，既非阿拉伯的沙漠之下，也非波斯灣，而是在加勒比海的海底。筆者於去年參加了在休斯頓所召開的石油產業年次總會，從世界各地來參與此會議的三萬六千多位與會者，對於調查世界最大的油田此事之可能性，幾乎都在一種忘我的狀態，石油已經變成不是不足的資源，因此石油輸出國家組織（ＯＰＥＣ）各國的政治經濟影響力已經下降到幾乎不足為道的程度了。這完全都是因為舊蘇聯的開放所導致的結果。

或者，來察考一下在日本十分受歡迎的鈦製的高爾夫球桿。鈦究竟是從何處而來的，為什麼能夠突然變成價格合理的東西呢?!這些原料幾乎全都是從俄羅斯進口到日本的，如果共產主義沒有消滅的話，是無法進口至日本的。總之，每當日本人正在揮動鈦製的高爾夫球桿的同時，就是正在享受世界上地理經濟的變化所帶來具體的恩惠。

現今，其他很多的產業也都一樣在採取新的形態。但是，要特別指出並不只是關於天然資源這方面採取新的形態，這一點是很重要的。

舉例而言，人力資源市場也在根本上發生變化。

由這一方面可以窺見共產主義的缺點是無法滿足個人的慾望及要求。

舉一個生產女性內衣的例子來看，在過去是共產主義時代的俄羅斯，並沒有排隊要買男性內衣的現象，但要買女性內衣的隊伍永遠是排長龍。為什麼會這樣呢？因為中央政府起草計畫之人，將男性用內衣與女性用內衣的數量定為相同之故。實際上，如果女性有購買的自由，女性至少會購買男性三倍以上的

內衣，但中央立案此計畫的諸君不能理解這事，或者說不想去了解此一事實。

但是，共產主義雖然不理解個人的慾望及要求，共產主義體系之所以成功在於經營高水準的學校體制。

即使在今日的拉丁美洲中，唯一的共產國家古巴，也擁有最高的教育體系。就亞洲而言，在中國教育水準最低地區的人們，有很多情況比印度教育水準最高地區的人們水準來得高。在過去的共產主義世界裡，有約八十萬人是最頂尖的工程師及科學家。

這龐大的人材寶庫，隨著共產主義的消滅，現在誰都可以得到他們這些優秀的人材。這群優秀的人材是地球規模的人材市場，在美國的企業和研究機關已經正在使用這人材市場所提供的腦力資源了。到目前為止我們沒有付出任何的成本，只要稍付一點點代價，就能得到世界最頂尖的工程師及科學家。現在，俄羅斯的科學家們，大舉前來像以色列之類的國家。接著，很多主要的大學，也獎勵有高資格的人材前來任教或是作研究。即使在筆者所屬的研究機關

ＭＩＴ，其數學學部在這兩三年之內也聘請了數位俄羅斯的人材。

為了有效利用這天然資源及人材的新市場，首先要擁有全球性的視野來工作，接下來也需要將外國人納入企業組織之內。

共產主義的消滅，對日本而言有相當重要的影響。在這五十年之內，很明顯地，日本是亞洲所存在唯一的經濟強國，甚至沒有必要去考慮日本的重要競爭對手的存在。但是，在中國逐漸往市場經濟變遷的今日，日本該如何在這經濟競爭中自處呢?!在全球經濟之下，中國是友、是敵、還是對手呢？中國市場對日本而言是商機呢？還是中國的生產毋寧說對日本而言是一種威脅呢？或者這些全都是答案呢？

當然，無論怎麼計算，在可預見的將來，中國不會變成比日本更強大的經濟強國。因為兩國國民每人的平均ＧＤＰ（Gross Domestic Product）的差距太大了。日本約有三萬美元，中國是五百美元。中國此後一百年之內，即使每年以百分之五的比例成長，也無法達到日本的水平吧?!如果有所謂「中國人的世

紀」的話，與其說是二十一世紀，毋寧說是二十二世紀時的事吧！

但是，即使只看中國人口的規模，都被認為其經濟的影響力是相當驚人的。如前面也談到的，日本現在是應該認真考慮把世界視野列入其架構，及在其視野中，中國的定位等問題的時候了。

恢復原狀的國境線

在二次世界大戰之後的半世紀間，國家之間的國境幾乎都沒有任何改變，就此意義而言，此時是很異常的一段時期，國家幾乎都被認為是永續的存在。我們通常會忘記所謂歷史性的國家，通常生而會消失，或者其領土的大小會有所改變。或許會認為國家是永續存在的政治實體，但是實際上幾乎都不是如此。

話說國境是安定不變的錯誤印象，是在冷戰後的產物。因為蘇聯和美國同意的事項之一是「絕不變更國境」之事。國界的變化太麻煩了。國境變化會把美蘇兩個世界超級大國扯進他們各自敵對的國家，甚至可能會引發第三次世界

大戰。

美蘇兩大世界強國，對於保持既存國家的利益能有利益。但是這狀況隨著冷戰的終結而完全改變。然而，這段在歷史上可稱為異常的地理安定時期也告結束。舊蘇聯現今已分裂為十五個國家，南斯拉夫也至少分裂為五個國家，也許是五個以上的國家。此外，在過去的捷克也有兩個國家存在。

國家走向分裂之途這種相同的壓力，也存在於舊共產主義世界以外的國家。英國的工黨給蘇格蘭半獨立，也向威爾斯提案半獨立。蘇格蘭人公投，其中四分之三者投票表示贊同。西班牙的巴斯庫人和卡大洛尼亞人也為了從西班牙獨立出來而積極爭取。布魯塔努人和哥魯西卡人也想從法國獨立出來。北義大利想和義大利的其他地區分離，魁北克的加拿大人，也在去年的公投中，通過可稍從加拿大分離獨立出來的議案。

非洲大陸的國界，恐怕在此後二十年之內，幾乎都會發生變化吧?!現在的國界，沒有地理上、宗教上、語言上及民族上的意義。這些國界不過是十九世

紀時的殖民地帝國主義，為了自己的利益及方便而妄自劃分的。這些國境線只不過是，藉由未曾親訪過這些地方之人的手，畫在地圖上的線。在最近幾年，在非洲可看到的混亂，可說是將國境線恢復原狀過程中的一環。

相同地，印度也是除了被莫臥兒人及英國人這種由外來侵略者的力量所統一的情況之外，不曾有過一個國家的情況。印度在曾經是英國的殖民地之時，就已經有印度、巴基斯坦、孟加拉、斯里蘭卡等四國，此外像喀什米爾等地區也努力想尋求獨立。在印度有很多種語言、宗教、民族的族群及地區，幾乎沒有理由把這些不同的族群融而為一。

當印度人在信奉社會主義之時，中央極權的計畫策定被視為一項良好策略，但是在今日則是百害而無一利，在市場經濟體制裡，不需要強有力的中央統制及強的政府。要除去中央統制的方法之一就是在舊有的架構之外，成立新的國家。

如此一來，冷戰的結束、共產主義及社會主義的滅亡，以及中央極權的計

畫之死，對於這突如其來興起國家的誕生及滅亡的這股熱潮大有貢獻。

共產主義的終結，其最直接的結果是徹底地改變其經濟及政治的形態。然而此狀況，現在仍在持續這種改變。

2.最佳的企業資源是知識力

在最近幾年來在經濟方面可以看見第二個主要的力量是移轉到筆者將之稱為「人為的智力產業的時代」。

或許未來的經濟史學者，回顧二十世紀末，會將之視為第三次產業革命吧！在十九世紀初最初的產業革命，因為蒸汽機的發明使農業支配長達八千年的時期畫下休止符，而創造出近代產業的時代，接下來在十九世紀末，因為電燈的發明而引發了第二次產業革命。電力的發電和送電成為急速變大的產業基礎。發明了電話及電燈，隨著電燈的發明，即使在夜晚也能工作及娛樂，人們的睡眠時間開始減少。

雖然第三次產業革命，通常稱為情報革命，但是這是錯誤的叫法。為什麼呢?因為與產業革命有關的多數產業，例如生物工學企業和新原料的廠商等產業，都並非情報產業。區別第三次產業革命的關鍵性因素及共同的特徵，並非「情報」而是「技能和知識」，這是支配財富的泉源。換句話說，在現今的世界，決定企業是否成功的要因，就是智力。

微軟公司的董事長比爾·蓋茲，現在是世界上屬一屬二的大富豪了，他就是這種產業變遷的最好象徵。在這一百年之間，如果說到世界上最有錢的男性，通常都是和石油有關的人。首先是十九世紀末的約翰·D·洛克菲勒，接下來再近一點是汶萊的國王可稱為世上首富。但是，從一九九七年夏天以來，在人類史上首度由知識勞動者比爾·蓋茲榮獲世界上最有錢男性的頭銜。這是首次由並不擁有天然資源的人成為全世界最有錢的例子。這象徵著以人為的智力產業為特徵的時代正拉開序幕。

今日第三次產業革命，產生出像生物工學、電腦軟體、電腦及電氣通訊等

巨大的新型產業。然而，這現象和一世紀前發明電燈之時看到的一樣，其他產業也隨之發生了變化。

筆者於一九五〇年代，在明尼蘇達州東部念高中之際，在該州曾發現過石油的礦藏。當初以為是有一大片油田，結果，後來才知道其實只有很少的礦產而已。當時的產業其特徵是，光憑運氣或只憑很少的根據瞎猜。試掘油井的成功率約有百分之十，從事挖掘油井工作的男性們，也是在社會當中教育程度最低的人。

但是，第三次產業革命到來之後的過去這二十幾年之間，這一切完全改變了。石油產業成為以知識為基礎的智力產業。石油公司使用三次元，現在更使用四次元的音波探索裝置來開發新的油田，使用水平鑽井及高科技的石油挖掘用臺，即使在海底幾千英尺深，最難以接近的地方也都能挖掘石油。在沙烏地阿拉伯的阿拉伯美國石油公司（ARAMCO）的地球物理學中心裡擺著兩台超級型電腦。試挖油井的成功率從百分之四十急增到百分之五十，接著如果發現有

石油，其油田的回收率，也就是從一個油田所能挖掘到的石油量也成長為兩倍以上。

挖掘石油的任務中「運氣的要素」已經幾乎都變得不存在了。在北海及墨西哥灣從事石油挖掘工作的人當中，沒有人是文盲，大家都是具有高度技能的人材。

如果論及生物工學，則在最近的人為智力產業中，也或許成為最具革命性的技術吧?!生物工學改變了植物、動物以及人類。在人類史上，這些生命首次能夠部分由人為來完成創造。

首先，為了治療遺傳病要利用生物工學，之後改變其遺傳特徵，為了創造出更優秀（更高、更聰明、更美貌等）的下一代要運用生物工學。有的國家不允許這樣的行為，像設有精子銀行的地方，出現了國外的生物工學中心，在國內會提供不合法的服務交易。不論我們喜歡或不喜歡，或許都會發生這樣的事情。

但是，並不是只有生物工學能夠成為二十一世紀的新興且有希望的產業。日本的通商產業省，在兩年前出版了一分政府報告書，其中提到七個在將來被視為最重要的產業。其中包括了微體電子學、生物工學、新原料、電氣通訊、飛機、工作機器、機器人工學、電腦硬體及軟體等等。這些全部都是人為的智力產業，如此一來就可以明白日本的官僚們採取行動的方向性。重要的問題是，日本在這些領域是否能真正的加入參與競爭，是否對於教育及基礎建設有作必要的投資，現在在這競爭之中，美國占有領先局面的優勢。

第三次工業革命的到來

在新興人為的智力產業當中，電信通訊也成為有魅力的領域之一。由於在此領域現在正在進行的革命，使得零售業、教育以及組織及經營企業的方法等都發生根本的變化。以下稍微詳細敘述這些變革給社會帶來的變化。

在零售業界，在十年以內事實上所有的店面都可以關閉，因為不論要購買什麼，都可以透過電子技術來購買到。在筆者所居住的波士頓，透過網際網

路，在電腦鍵盤上按下想購買的東西，食品雜貨也好、衣物也好、酒也好、書也好，幾乎能購買到所有必要的東西。接著在當天下午或隔天就能請公司把物品送到家。筆者現任電子經紀企業及貿易公司的董事。這企業與過去傳統的經紀業的形態在作競爭。此外，筆者的銀行告訴筆者，不要使用支票，請使用電子轉帳系統。

其次，在買車之時，或許筆者會利用電子代理店，以最低的價格幫筆者買到想要的汽車吧！我只要等待對方把車子送來即可。可免去與經銷商諸多麻煩的交涉過程。

此外，具高度品質雙向錄影機也將取代現在所使用的紙製商品目錄及電視購物吧！我以自己的電腦開機上網連線尋找，就會出現自己想購買的商品的相關指示。如此一來就會顯示出我所想要購買的物品，相當清楚且雙向的影像。

更進一步，人人都能夠如臨現場般欣賞模特兒，不再只限於有錢人的特權。在自己家中也能欣賞到模特兒在舞台上穿上最新流行的高價服裝，展現出

美好的風采。MIT的發明家們已經開發出一種裝置，能夠使觀眾在螢幕上所看的影像能有親臨現場的感覺，雖然目前這種裝置對於家庭使用或許仍嫌太貴。

如果提到關於流通方面，因為不需要成本高的零售業，有時候甚至不需要流通倉庫（酒從酒釀造所直接運輸出去），也以極少數的銷售人員來經營，所以以電子技術來購買的商品，比在過去傳統店面所購買的商品變得更便宜。或許傳統零售業有一部分能夠存活下來吧?!但將變成和現有形態大異其趣的方式生存下來吧?!購物本身包含很大的社交層面。並非只是以最便宜的價格去購買物品而已。在美國的大型購物中心裡，有類似主題公園般的設計，在此購物本身就是一種娛樂及享受。有店面的書店，透過同時經營咖啡店以和電子書店對抗。和朋友一邊享受喝咖啡的樂趣一邊談話，後來想到買本書也不錯。比透過電子媒體購買的書貴些，但人人都樂於支付這樣的代價。

大學在幾百年之間，都一直用相同的方法（教授在有黑板的教室，站在學

生面前）授課。但是，便宜且高品質雙向錄影機的問市將改變這種模式。使用能控制設置在新加坡的小型電視攝像機的操作桿，筆者即使身處於地球正對面的波士頓的教室，依然能夠遠眺全教室的景觀，解讀學生們的肢體語言，使學生的影像隨著攝像機的移動而自由地變大或縮小。在麻省理工學院（ＭＩＴ）現今針對住在全美國的學生們，提供系統設計及管理學方面的碩士課程，而授與學位，而不只限於開放給住在波士頓的人。不久學生們即將廣遍全世界。

在這個新的教育世界裡，每個人不論哪一個學科都想聽到世界一流的教師之授課。如同托ＣＤ問市之福，帕華洛帝能向全世界的人演唱一般，拜電氣通訊技術發達之賜，最優秀的老師不久也能向住在全世界各地的學子們授課了。如此一來，品質不高的大學當然就要面臨關閉的命運。這就如同對現今不高明的男高音歌手而言，將面臨沒有市場的命運一樣。

在現今的社會，發展成為有面對面報告必要的世界。因此需要由好幾個層級所組成的精巧的管理構造。透過指揮系統由下往上傳遞情報，由上而下傳達

命令，公司需要總公司的存在。但是，如果有了雙向錄影機，上司即使人在地球的另一端也無所謂，不管誰向誰報告也能以一種和現存模式大異其趣的方法來組織。

例如，即使是現在，德國電腦廠商的一個部門及瑞典西門子・尼克斯道爾福公司沒有辦公室。員工們利用筆記型電腦在家工作。免去了好幾層的管理階級，放棄了大規模的總公司。

關於出差的問題將變得如何呢？如果能夠採電子出差的方法，則可以省去計程車費、機場稅、機票費、旅館費等經費的負擔，也不必再為時差的煩惱所苦。筆者現在其實有大約百分之五左右的會議已經由電子出差所取代。筆者認為在將來，這比例將會變得更高。隨著我們習慣這種電子通訊對話的方式，即使對方不在同一房間，也能完成許多的企業機能，對此，我們將大感驚奇。

因為，在經濟方面，在決定什麼將改變，什麼不改變一事，社會學變成和技術同等重要，所以電氣通訊將對社會帶來怎樣的改變，我們不能作明確的預

言。但是，能夠確定的是，未來的企業界將呈現和現在十分不同的樣貌。

沒有資本的資本主義能否存在

共產主義的終結使資本主義的競爭者蕩然無存，也使資本主義的環境變質。接下來智力產業出現，也就是第三次產業革命改變了資本主義本身的本質。

一個十分有趣的問題是，明明已經不能擁有人類的知識，而人類的知識卻又是最重要的資本形態，我們能將之再稱為資本主義嗎？舉例而言，即使是像微軟公司般的大企業也只擁有知識的資源。然而這也是他們能有驚人的成長的基礎。但是真的無法擁有其知識，只要不再度導入奴隸制的制度。在今日，人人即使沒有存在頭腦中資本以外的大資本，也能夠開創十分成功的企業。

3.高齡化和人口變動改變社會

現今世界正在經歷人口學上的重大改變。在一九九八年初期，世界上人口

有正好六十億人左右，預測到二〇三〇年為止，世界人口會達到約八十五億人，是一九五〇年的兩倍。

在此有一個難解卻又無法迴避的問題。那就是人類真的能夠養活在未來三十年的期間預估將增加的二、三十億人口嗎？如果，現今的經濟體系繼續運作的話，則將無法養活將誕生在非洲及亞洲貧窮各國的人口。在世界各地的很多地區都已經感受到，供應水及食物這方面很大的壓力，所有的環境污染及環境退化的終極原因，不可避免地一定會給環保體系帶來更多的壓力。

要努力解決急速擴增的世界人口、然而主要是在世界上最貧窮的國家增加的人口，不僅對住在人口增加的國家之人造成影響，也對全世界所有的人造成影響。數以百萬計的人想離開自己的故土，合法或非法的移民至更繁榮的地區。但是，更繁榮的地區並不需要這群數以百萬計且沒有特殊專才的人。

對此問題，一定要盡早採取一些措施不可，但是因為誰也無法控制別國的出生率，所以對此問題還看不到容易的解決方案。

另一個人口學方面的趨勢是，人人都想追求更高的生活水準，因而有從貧窮的地方往富裕地方移動的傾向。因為運輸成本降得很低，所以即使是比較貧窮的人也能買得起機票而旅行到地球的另一端。然而隨著共產主義的終結的同時，到目前為止無法進入的國界消失了，使得從某地區移動到別的地區一事變得空前的容易。

接下來更重要的是，透過最新的電子媒體，使得即使是住在地球上最原始村落的人們也能由電視觀察到最富裕國家人民的生活方式。雖然處於貧困的世界，但看到電視上往往描繪富裕的人們之生活，使得貧困之人想移民的心態油然而生。其實在像日本這樣富裕的國家，現今也有百萬人之多的非法外籍勞工存在。

全世界正在進行著大規模的人口移動。問題是各國政府要怎樣去解決此問題。如果把此問題擱置而不加解決的話，結果或許會造成低工資及十分惡劣勞動條件的地下經濟在富裕的國家成長，而使得表面的經濟變得十分混亂。

世界的先進國家正面臨著和開發中國家完全相反的人口問題。低的出生率及停頓的人口當然會造成高齡化的社會。由持續減少的勞動人口所維持領取年金者的比例持續增加。這個問題特別是以擁有在世界上最長平均壽命紀錄的日本最為明顯。平均壽命變長和出生率降低的結果，使日本急速成為世界上最高齡的國家。預估到二〇二五年為止，六十五歲以上的人口會占人口的百分之二十六，如果現在的趨勢再持續下去的話到二〇三〇年為止，為支付持續增加的年金支出預估或許會產生出高達對ＧＤＰ比約百分之二十的赤字預算。

這種史上空前的人口學的改變所造成的影響將波及很多層面。首先第一是對日本人而言，別說要提高其生活水準，就連要去維持目前的水準就變得十分困難。為了使每人平均所得跟得上人口高齡化的變化，要快速使生產性有所成長不可。

轉變為高齡人口優先

高齡人口的增加所造成的結果，到目前為止雖然幾乎都被忽視，但這是絕

對不能不加以正視的重要問題。人們只注意到人口高齡化對政府預算所造成的影響，而幾乎都忘記其改變對民間經濟所造成的結果。但是高齡人口會改變政府預算一般也會造成民間經濟的變化。然而現今日本以及其他的工業國也都已經處於前所未有的購買力轉變方酣的時期。

這轉變對企業而言代表著什麼意義呢？此一課題是此後應該加以探究的重點。高齡者擁有龐大的購買力。在美國那樣的國家，在過去二十五年之間六十五歲以上的人們所得成長為兩倍以上，另一方面，十八歲到三十五歲年齡層人口的所得減為原來的一半。然而日本雖然不像美國表現得如此極端，但也表現出和美國相同的趨勢。

市場經濟是為有購買能力的人們提供服務。企業不得不將更多的注意力轉移到高齡者的身上。如此才能賺取更多的利潤。

周遊觀光船產業即是一個極好的例子。最近有很多該產業的主人成為億萬富豪，但是為何這種產業能突然如此成功呢？其實這種周遊觀光船的產業是自

古即有的產業，甚至埃及豔后克利歐佩特拉公主在兩千年前即擁有豪華觀光遊艇。周遊觀光船的休閒是年老者在度假日時最佳的選擇。而且他們有充分的時間和金錢，需要人家為他們提供各式各樣的照顧。周遊觀光船的產業完全依賴於領取豐富年金的高齡者而存在下來。

高齡者將成為未來的市場。如果網際網路的技術變得和電視一樣普及的話，在客廳的電視畫面上如果變得可以衝浪的話，他們將成為網路上最大的消費者吧！

廣告業界也可以看到發生變化。經營廣告公司的人們，尤其是經營電視業者，尚未充分理解這人口學的變化。電視廣告業者仍持續製作以二十歲到三十歲初頭的年輕人為目標的廣告。在二十年或三十年前，的確應該以年輕人的族群為標的。因為在當時年輕人占人口的多數而且也占總國民所得的大部分。但是現今，年輕人的實質所得隨著年輕人占全體人口比例的減少而停滯、或甚至減少。和有逐漸增加龐大儲蓄金的高齡族群相比之下，年輕族群的消費力是微

不足道的。

對廣告業者而言，或許要改變高齡者的消費習慣是很困難的一件事，但是無疑地，在製作電視節目及廣告之時會變得更加把焦點放在這高齡族群身上。市場上不論年輕人也好，老年人也好，誰想來購買物品都無所謂。市場會隨時調整以服務有較大購買力的族群，現今社會逐漸變成高齡者占優先的局面。

這改變不只對企業有其影響，這對於我們在遙遠的將來所需要投資的能力及意志而言，也有怎樣的意義吧！然而大部分的人口雖然有錢但都不從事勞動的社會，其所造成的社會上及心理上的影響又將如何呢？

4. 真的全球性經濟的抬頭

第四個經濟板塊是從國家經濟轉變為真正的全球性經濟。筆者執筆《資本主義的未來》一書以來，這種轉變一個勁兒變強。然而從一九九七年到一九九八年間，在亞洲所發生的金融風暴中，我們知道這些國家是構成全球性經濟的

一部分，地球的表面發生了根本的變化。世界上哪一個國家的股票市場發生變化。立刻會誘發其他地區發生動搖。這與發生問題的國家兩國間的本質、或者國際間關係的本質無關。在今日世界裡，論及國家經濟變得幾乎毫無意義可言。現今世界經濟彼此連結在一起，就經濟的意義而言，國境已被侵蝕而不復存在了。

今日企業已能將生產地轉移到世界上成本及勞動力最便宜的地方去，再將產品運送到能提供最高購入價格的場所去銷售。人為的智力產業也能夠輕易地將情報轉移到地球的每一個角落。白天在美國的矽谷工業區擔任摩托羅拉的電腦程式工程師，在夜裡將其軟體送到地球對面的印度、匈牙利等地，只要能使程式持續運作即可。生產變成可以二十四小時作業，生產地也能擴及幾千里以外之遙的地方。如此一來，則製品能以比過去快兩倍的速度送達市場。

藉由與外國人共事而獲致成功

在現今幾乎沒有人會認為從國民經濟轉變為全球性經濟是多麼急進的變

革。但是就現實而言，所謂「日本經濟」的說法，就如同是說到「東京經濟」一樣，已經變得沒有意義了。不論住在何處，在何處工作，如何認定自己是地方性色彩的人，所有的人都是全球性經濟的一分子，都會受到在全球性經濟上所發生變化的影響。此後，您的工作夥伴也有可能是身處地球的另一側遙遠的地方。

作為企業，如果想參與地球規模的企業競爭的話，一定要聘用有才能的外國人，非給外國人平等成功的機會不可。如果不能僱用有才華的外國人並給與平等成功的機會的話，則公司的競爭力將會下降。在現今，最有能力的勞動者，只要公司提供好的薪水、有意義的工作內容則不論工作地點在哪裡，一定會去。

在日本公司裡幾乎都不將外國人安排在重要的職位。舉一個哈佛大學學生的例子，即使該學生是十分有才能及充滿可能性的外國學生，日本企業也不願去僱用。這個問題多半與企業文化有關，但是如果不接受外國人並給予其真正

公平的機會的話，則在二十一世紀的主要產業領域裡要取得領導權是很困難的。

全球性經濟產生「建國熱潮」

如同前面已談到的，共產主義的終結使國家的國界發生改變，也幫助了創造出好幾個新的國家。此外，經濟的全球化也對此世界地圖的改寫有其貢獻。

過去的經濟學者相信，如果想要有高的生活水準，此外為了達到必要規模的收入一定要住在擁有大規模經濟市場的經濟社會不可。這即是一九五〇年代與形成歐洲共同市場有關理論的一部分。學者認為，給予歐洲與美國正在享有的相同規模的經濟力，因此就能給予在平等條件下競爭的能力。

但是隨著全球性經濟的誕生，即使是像香港和新加坡這種小型的都市國家也可以繁榮、富裕起來。縱使國內市場小的微不足道，也可能達到大規模經濟。只要將產品往巨大的全球性市場輸出即可。更進一步，甚至連大的國民經濟也慢慢地消滅，國內市場與國際市場的區別漸漸地變得沒有意義了。

結果，為了使國家富裕，變成沒有必要去忍耐大的中央集權主義國家所制定的法規。在全球性經濟之下，即使是小國也能完成獨立、特殊化，巧妙地生存下來。天然資源已經不再重要。即使是沒有任何天然資源的國家，只要能善加開發人材資源，也能在全球性經濟的環境中與他國競爭。

如果說關於全球性議題，為了取得有效的政治談判籌碼，國家的規模一定要大的話，只要藉由加入ＮＡＦＴＡ（北美自由貿易協定）、ＷＴＯ（世界貿易組織）、ＡＳＥＡＮ（東南亞聯盟）等超國家的組織，即可獲得談判時的政治籌碼。任何一個國家都會認為，選擇給予這種超國家組織的團體一部分主權比受可厭的鄰國統治要來得好吧?!

在今日，每個國家都比二、三十年前更能自由的掙脫大國的統治而建立更均質的小國家。但是，在考慮未來之際的重要疑問是，這些多數的小國能否對必要的基礎研究及基礎建設作大規模的投資，並且這些國家是否有意願去作這一切投資。如果沒有這一切的投資，經濟和技術的進步將會停頓、拖延。小國

一定要找出明智的方法以分擔這必要不可或缺的知識生產的成本及成果。

5.多極化世界的權力競爭

如前所敘要如何制定在新的經濟競爭下的共通法規，是一項極重要的課題。誰能取得為了制定這新的一連串的法規所需的領導權呢？需要有在任何競爭下都共同被認定的法規，及依循其法規而參與競爭。就此意義而言，經濟競爭也不例外，唯有在共通的法規此一架構之中，才能進行公平且有意義的競爭。

在過去兩百年的期間，在國際社會裡一直存在著統治他國的強國。十九世紀時是英國，到了二十世紀則其中心轉移到美國。這些超級強國，幾乎制定了資本主義競爭的所有法規，而世界各國皆依從這些法規而行。其他各國未必喜歡這些法規，但是即使如此也存在著一連串可供利用的法規。

在下一個世紀的全球性社會裡，應該不存在所謂的支配性的經濟強國吧?!

即使美國也不再能強制性地將這些法規強加給統一的歐共體及充滿自信的中國。舉例而言，關於侵害版權及知的所有權的問題需要有地球規模的同意，但是，現在中國如果認為不想參與由美國所提案的方法來從事競爭的話，事實上已經沒有必要去依循美國的方式了。美國無法強制中國依照其基準而行。

在現今世界上既不存在統一的意識形態，也不存在有能力的領袖。全世界所信奉的意識形態或許是資本主義，但是資本主義並不能朝全世界統一且共有的基準此一方向邁進。資本主義本來就不包含基於共同的法規及趨向形成同意而工作的價值觀在內。

面對未來的另一個問題是，能否確立為了確保全球性企業健全的行動規範。也就是全世界所有的主要國都同意遵守的法規，在發生世界規模的經濟危機時為解決此危機而世界各國都能協力共同解決的法規。

過去的法則是否能適用於新的世界

在二十世紀的最後二十五年，地球的經濟地表發生了劇烈的變化。我們現在正處於發現新世界的過程。但是，喜歡依從過去的法規而參與競爭的人還很多，近幾年來日本正是如此。為了使日本遠離經濟不景氣，日本政府發表了好幾個景氣振興方案，但是幾乎所有對策都無效。舉例而言，即使調降央行貸款利率等措施以刺激企業投資，使用古典派的經濟方案也無法得到預期的結果。

始於一九九七年的亞洲金融風暴也好，一九九〇年代初期的日本金融危機也好，主要都是因為持續以過去的法則來參與競爭而引起的。亞洲所參與的競爭是國內經濟持續以百分之七～八的比例成長的情況下才可以輸入，輸出則是每年以百分之十五～二十的比率成長。這種競爭參與的模式如同一九五〇年代到一九六〇年代的日本一樣，如果是屬於經濟方面十分小規模的國家則可以運作地很好。接下來，如同一九七〇年代、八〇年代的香港、新加坡、台灣、韓

國一樣，即使是更小規模的國家，也能充分運作而發揮其功效。但是進入一九九〇年代，這種法規已經變得無法充分發揮功用了。全球經濟每年明明只成長約百分之二，卻有太多國家每年要將輸出增加至高達百分之二十，這是不可能的事。

現在的中國在亞洲所扮演的角色也正符合了前述所舉例的情況。在中國有比亞洲其他各國更便宜且教育水準更高的勞動者。如果企業能夠很簡單地就移到中國，中國在各方面的條件都比較有利的話，企業為何還要設在泰國及印尼等地呢？將企業遷往中國的話，教育比較好，工資便宜而且混雜程度也比較小。由於中國參與了亞洲的資本主義的競爭一事，結果使得各國為了獲致成功，根本上徹底改變了必要的法規及策略。

由於這一、兩年之間在東南亞所發生的事件，而得知為何亞洲的競爭不得不結束。這並非因為政府無能，也並非因為有誰做錯事，只是因為世界正在改變，即使是因循過去的法則從事競爭已經變得無法獲勝。

永遠不能逆著經濟的地心引力而行。作為一個國家也好、企業也好，如果想要繁榮的話，要學習新的競爭法則或者協助其創立新的法則，這是比什麼都重要的。或許尚且不能清楚地看到新世界將呈現出怎樣的樣貌，但是可以探究幾個航海技術。這些航海技術應該對於任何企業平安地航行在新的海域上能有所助益。

作為探險家，最興奮的事莫過於發現新的土地。接下來是為了發現新世界所培養出的新的洞察力。就此意義而言，呈現在我們眼前的廣大世界裡，充滿了很多興奮及令人發現的可能性。

所謂發現（DISCOVERY），如同其字義是從消失在視線以外的東西上取下其覆蓋物，其實，在這過程中，要看的人也就是探險家本身發生改變。所謂發現新的經濟現實一事，如果容我不客氣地直言，就是作為參與競爭的你，不是需要改變，不然就面臨歇業關閉的命運。當然，不應將此變化的過程，也就是學習並增進新的航海技術一事視之為多餘無用之事，或者在經營企業上的障

礙。而應將此過程視為使事業合理化、磨鍊企業技能、拓展視野為了接受這新的經濟現實的大好機會。

第四章

未來的航海術

在新的世界所需具備新的能力

新出現的經濟學和商業的世界，對某些人而言代表著恩惠，對某些人而言卻意味著破滅吧?!有的人對此後的新世界抱持悲觀的態度，也有的人抱持樂觀的看法。但是，其實這種區別並沒有抓到重點。重要的是，該作什麼，在今日的世界經濟舞台中，要在何處如何參與競爭一事。並非要被此變化壓倒，而是一定要去理解獲得成功的要因，並且善加利用狀況不可。

如果繼續依從過去的法規而做事，繼續使用過去的方法而向前航行的話，或許未來可以看到是悲觀的。但是，如果利用現狀而使用新法，也就是不逆流而上而知順流而下的方法，則新世界是可以樂觀地拭目以待的。如果您是傳統的小型零售業者，或者傳統的多層的官僚組織，則未來或許看得到是悲觀的，但如果你是前途無量的網際網路零售業者，或者電氣通訊業者的話，則未來的前景是一片光明。

關鍵在於是否在新的企業環境之下，學習必須的新的航海技術。能夠將自己置於有利的立場的航海技術。能夠將自己置於沒有危險且充滿機會的場所。

如果您能夠充分掌握這種新的技巧的話，您就能接近作為企業家的目標了。

另一個更重要的問題是，是否能夠持續不斷地使自己有所改變一事。在某一產業的領域上占有優勢的企業，要向到目前為止都能充分發揮機能的組織之基本特性及慣例來挑戰，或許是一件困難的事。如同前面也已提及的，今日半導體的主要廠商並非過去取代半導體而曾居主要地位的真空管廠商。同樣地，主要的製藥公司也未必是繼續在成長的生物工學產業領域之內的首要廠商。

雖然過去能充分發揮作用，但完全無法保證未來也一樣能夠充分發揮其功效。企業——其過程也好，慣例也好，製品也好——唯有持續不斷在這些方面作改變才能有生存之道。

在今日將基礎放在智力而非天然資源的經濟情況下，已經不像過去各別的產業有其出生地。因為現今為了使企業成功，已經不需要靠近礦山，或其他天然資源的產地很近。在十九世紀到二十世紀的中期這段期間的經濟，主要取決於是否靠近礦山、煤礦、之後的石油等天然資源。擁有豐富農地的國家，農業

當然就成為該國的經濟支柱。任何國家都多少擁有在世界經濟舞台上活動的空間（市場的空隙），也就是本來的場所正好符合該國在當地繁榮發展下去的條件。

也有人論及「現今是空隙產業（NICHE BUSINESS）的時代」。但是這種議論在某種意義下是引人誤解的理論。在今日可將人為的智力產業，任意擺在地球的任何角落的時代裡，過去所謂的空隙產業已不復存在了。我們未來將體驗到筆者稱之為「在未來主要產業上的直接競爭」。在前一章所敘述的未來的七大策略性產業將成為所有國家發展的目標。所有的國家都有可能和其他所有的國家產生競爭。

在今日要維持空隙產業的唯一之道就是要親自去創造出生存的市場空隙。然而，是否能夠創造出生存空間就是全取決於人材及人力資源。人類所擁有的知識和智慧，在今日的全球性經濟之下，成為唯一的競爭優勢。

在地球村的世界裡需要有全球性的法則

本來在傳統的意義之下，全球性政府、全球性統治者或者全球性的民主主義是不可能存在的吧！但是，為了能夠有效率地解決在新的企業環境所引發的問題和爭辯，需要有全球性特質的一些新的機構和規定。

為了能夠在公平的條件下競爭，需要有總括性的協調架構、也就是為了全世界的企業而制定的公認的一連串的法規。這些法規在今日尚未存在。結果造成企業之間、國家之間發生相當不必要的摩擦。

舉例而言，讓我們來想一想關於壟斷禁止法。有的國家有壟斷禁止法，有的國家沒有。因此在美國，最近有一個最廣為人知的案例是，微軟公司的競爭對手的各公司控告微軟公司幾乎壟斷了全部的軟體市場的事件。但是，個別國

家的壟斷禁止法，在今日的世界幾乎沒有任何意義。那是因為在參與地球規模的經濟競賽，並非依從個別國家所定的壟斷禁止法而參賽，而是以與各自國家所定規則不同的層次來參與競賽的。

最近歐洲將要指示波音公司和麥克道爾道格拉斯公司是否要合併才好。此外，美國命令歐洲不要銷售物品給古巴。但是，目前沒有適當的方法足以解決這種爭辯。ＷＴＯ（世界貿易組織）既沒有提供可以克服這些問題的架構，也沒有提供解決問題的方法。

智慧財產權也是個另一個熱門問題。然而知的所有權也是尚未擁有以地球規模為基礎的公認體制的領域。美國持續在批評中國的侵害版權問題及濫用美國的智慧財產權。但是，只要沒有法規的存在，也不能有效地加以制裁的話，這個問題就無法得到解決。

我們沒有全球性政府的存在，就一定要想出能夠發展一些全球性機構的方法才行。如同美國的一部受歡迎的電影「星際終結者」（Independence Day）一

樣，如果沒有受到宇宙的外星人侵略攻擊的話，也不會想到要組織一個地球政府以捍衛地球。但是，為了航行在全球性的經濟性海域而使彼此互不衝突，需要有總括性的一連串的法規。基於這基本的地球規模的航海法規，使國家、企業、個人都能將新的經濟變為新的機會寶庫而繁榮下去。為了滿足這些目標，我們需要想出能夠真正取得這些必要航海術的方法。

導致企業成功的五個航海技術

在此想說明關於在新的世界經營企業所必須具備的五個航海技術，或者成功的要因。如果具備這些航海術，則企業成功的機會會提高，也能夠將自己在新的企業世界中定位在適當的場所。這種航海術並非能夠輕易駕馭的技巧。要習得能夠因應經濟根本的變化的技能並非一件易事。這種技術毋寧說是，因應

自身所處的狀況及想要到達的場所，需要你自己去努力及修正的一種技巧。

以下所要說明的成功航海術，並非要傳授經濟體系本身改造的方法，也不企圖提出新的意識形態和新的資本主義論。關於這方面的問題，決定在下一章再做討論。筆者認為在此所提出的航海術，在超越本世紀末為了使企業成功是不可或缺的指導方針。如果能夠遵循這些指導方針的話，或許不會陷入危險的海域或者一無所獲的企業環境。但是，唯有你自己擁有隨著世界變化也使自己改變、調整的前進動力，也就是探險精神的情況下，才能對你有所助益。

沒有危機的轉機

此後，不管是組織也好，個人也好，都應該歡迎使其有所變化，這幾乎是自明之理。在上一章所說明的，如今沒有共產主義及統治性的強國的世界下，正在經驗大規模人口變動的世界，接下來是經濟大規模轉變為基於智力而非天然資源的全球性經濟，在此情勢之下，持續維持變化的必要性應該是很清楚

的。

但是，在此所面臨的一個重要問題是，即使不面臨嚴重的危機，世界是否能夠著手進行根本性的改革。因為，雖然全球性經濟發生很大的變質和改變，但是大企業和政治構造並不把此根本性的變化視為面臨嚴重的危機。

日本尤其符合上述的狀況。日本經濟於第二次世界大戰之後，由技術專家人員慎重地將之建構、計畫起來。然而在十年之前，這還是使經濟成功的完美方法。但是處於完全嶄新的世界的今天，日本的這套方法已不再適用，而一定要建構出新的經濟體系不可。但是，這點對日本人而言卻是十分困難的事。

日本即使面臨危機，似乎也認為相當難以變化以因應危機。一九九〇年代初期的泡沫經濟的瓦解，從所有的角度來衡量都可算是日本的一大危機，但是之後在社會方面的基本要因似乎幾乎都沒有改變。日本的媒體往往引用景氣衰退、不景氣之類的詞語，但是並沒有從根本上重新審視其經濟體制，也沒有誘發其體系向前推進的緊迫感。尤其是在政治的世界裡，絲毫沒有做任何的改

變。似乎沒有任何人能夠掌握必要的政治領導能力以徹底來改變這長久以來受官僚體系所支配的經濟體制。

或者讓我們想想看，日本始於一九九八年四月的放寬金融體制限制的計畫的例子。在這計畫裡，我們似乎看不到在即使不面臨嚴重危機的情況下，日本政府有心想作出根本的改變。但是，如同在本書第一章所提到的，事物是否真的將發生改變，這世界尚處在窺伺狀況的階段。世界的觀察家幾乎都預測，日本的金融大改革，與其說是大改革，不如說是以如同嘆氣般微不足道的悲傷的衝擊程度宣告結束。或許作了一些小的調整及制定了一些新的法規，但就整體全面看來，其結果很有可能不能達到由行政當局所指示的崇高的目標。如果平常的情況，「金融改革」用不著千年的時間，幾乎是一瞬之間發生的。

企業的蛻變

政治以及官僚的結構，十分抗拒「變化」。即使面臨再大的危機，日本也不會從世界地圖上消失吧！但是，就經濟方面的意義而言，從最近亞洲所發生

的金融風暴也可以發現的一樣，某個國家突然從全球經濟的主要參與者，搖身一變而成為投資家及企業避而不過的多事之地，這些情況都有可能發生。因此，對企業而言，現今在沒有迫切的危機之下而完成蛻變的必要性，比起政治界的蛻變，來的更為重要，是生死存亡的重要問題。在現今適者生存的資本主義之下，成功的基本條件不斷地發生變化。追根究柢地來說，企業若不有所改變就是死路一條。然而，聰明的企業領袖們，當然會擁有和政界迥然不同的思考方式。他們將變化視為一種商機。視變化不是令人害怕之事而是應該歡迎的事。

但是，即使是世界最大的企業，甚至看起來是最成功的企業，其中有好幾家企業，因為在沒有危機時無法蛻變，而面臨了消滅關閉的危機。

ＩＢＭ公司即是其典型的例子。ＩＢＭ公司，長期以來因為掌控了所謂處理事務用大型電腦的世界，而幾乎沒有注意到，由於個人電腦時代的到來，造成加速這大型電腦的革命。被認為擁有穩固根基及龐大的銷售業績的ＩＢＭ公

司，在沒有危機之下就無法作出些變革，面對迅速激烈發展的個人電腦市場的競爭，突然發現自己落於人後，敗給其他企業。ＩＢＭ公司雖然是享有名聲的成功大企業，但是員工太多，就根本上而言新的點子太少。因此，也應可稱為「變化指數」的東西變得太低，而且痛切地知道這成了威脅企業生命的障礙一事發生得太突然。

即使如此，ＩＢＭ公司好不容易才能存留下來，現今該公司已不再擁有電腦業界的支配勢力了。人們想要論及關於電腦世界革命之時，會提及微軟公司及英代爾公司、康百克公司。在今日如果要舉出無法成功蛻變的企業案例，幾乎常常會談到ＩＢＭ公司的例子。

要達到在沒有危機之下完成變化，促使組織運作的人們要有先見之明才行。然而他們要看得比適用於資本主義組織的未來更遠，也就是要有更敏銳洞察未來的能力不可。要發現新的企業領域，新的途徑，在看得到未來的狀況之中，不只看到潛在的危險，也要能看清楚正在產生的機會，為了具備這些能力

必須擁有相當長期的視野及遠見。企業決算的結果將反應出這種視野及能力。在近視眼資本主義統治世界的時代裡，先見之明及長期性策略之計畫，正在成為企業成功之關鍵。

存留下來勞工的條件

現今，不只是企業，連個人也需要學習沒有危機的情況之下的變化之道。人們往往容易滿足現狀，如果沒有應該變化，或者應學習新技能的直接壓力，很多人都選擇不願改變維持現狀。

但是，例如在未來的勞動市場裡，最好認為終身僱用制度將不再存在。今日的美國企業，幾乎在開始就明白告知勞工們「不應期待你會留在這公司直到退休為止」。「你不能在這公司內擁有一生的履歷。因此，你一定要為自己的經歷負責，管理自己不可。每年定期加薪的作法，已經是過去事了」。這是現今多數美國企業的有形無形的基本法則。

日本的狀況或許沒有像美國企業般極端。此外，終身僱用制及雇主與員工

之間相互忠誠的要素，或許在某種程度下也存留下來。但是在與智力產業夥伴進行直接競爭的全球性企業環境之下，任何一家公司都沒有為你一輩子的工作提供實際保證的立場。因為誰也無法預言，哪一家公司能存留到下一世紀的最初二、三十年而不被淘汰掉。

對於個人的勞動者而言，所謂沒有危機之下的變化，就意味著，第一要繼續去開發自己的技能，更新自己所具備的知識。所謂「因為我在三年前受過訓練了，所以因此覺得足夠」。這在現實世界已不夠用。自己的教育及再教育是個沒有止境的過程。此外，藉由這種不斷成長的過程，才能順利度過發生嚴重危機的非常時刻。

技能教育和知識的革新

將我們帶往成功的第二個要因是知識及技能教育的重要性。隨著第三次產業革命的到來，這項要因變得愈來愈重要。當然在以蒸氣及煤炭為動力的第一

次產業革命之時也好，因為發明電燈而促成第二次產業革命的時候也好，人們都需要擁有知識和技能。然而，甚至在產業革命以前，從事任何一種商業性事業，都需要具備技能。

但是，過去和現在最大的不同在於，現在需要不斷地更新技能並補充存於今日的知識。十八世紀和十九世紀的工人及產業勞動者，只要一次學會必要的技能，幾乎能應用在他一輩子的工作領域，工人的教育體制是採師徒制。然而只要一度經歷長期嚴格的學習期間，自己就能成為該領域的師傅。

在現在，即使是居於組織裡最高職位，也必須要持續不斷地學習新的技能不可。絕對不可能精通所應學習的所有知識。在今日，成功與失敗的差異不在於是否擁有某些精進的技能和正確的知識，而在於是否能夠持續不斷地吸收新知和新的技能。

智力產業的時代與未來知識的再創造有關。對於個人而言，未來的形成取決於不斷地學習新的知識和技能的過程，對於企業而言及對國家而言，則取決

於對研究、開發及教育的投資。

由於轉變為技能集約的技術及全球性經濟的發展，在過去的企業雖是適用的技術，但現在正快速地變成不適用的技能。高中畢業的學歷，在現在的社會已不夠。雖然並不需要人人都進大學，但是高中畢業之後需要接受適當的技能訓練。

可惜的是，美國正在削減教育財政經費，尤其是長期性的研究開發的基本經費。為達到均衡預算的目的，兩年前，民主黨和共和黨同意在本世紀結束以前刪減三分之一的研究開發經費。這項措施在今日的世界雖然完全沒有意義，但美國政府現在採取這行動，以後或許將產生些危機。

如果不多加努力創造出滿足二十一世紀需求的適當的技能訓練制度，將來或許要付出雙重的代價。在競爭激烈的全球企業的環境之下，企業或許會輸給擁有更高教育水準的員工的競爭對手吧！然而，就國內的問題而言，也在冒著擴大社會間不平等的危險。由於經濟的全球化及知識集約的性格，使得擁有高

技能而能獲得相當高工資的知識勞動者和沒有技能且實質工資減少的體力勞動者之間，產生在社會兩極化的可能性變得更高。這種差距如果變得太大則社會體系就難免會產生裂痕。

對於我們而言，沒有多餘的時間及資源在這方面的理論作經驗主義的實驗。比經驗主義的實驗更好的方法是，企業也好，政府也好，都做必要的投資使得全體人口的技能和知識都可提昇至更高的水平。

為了避免擴大不平等及社會摩擦的情況——關於此問題將在下一章作詳細地探討——我們一定要自己問自己，自己需要的策略是怎樣的策略，接下來要如何才能實行該策略。

談到關於技能教育及創造知識方面之時，我們要區別出，面對未來時對我們而言重要的基本的重大突破性創新和將過去所做的事逐漸向上累積這種單純知識漸近的進步兩者之間的不同。換言之也就是重大突破性創新的知識和知識累積的不同。以半導體管的產品為例子來說明，半導體管的發明是基本的突破

與創新，32K半導體管轉變為64K半導體管就是屬於知識累積的進步。

對不善於精通技能的勞動者，是否能盡可能地將之培訓為精通技能的勞動者，存在著這方面屬於策略性的問題。住在日本的人，對這個問題的答案可以回答肯定的，但是美國的情況則不然。在技能教育的領域，日本有其長處和短處。日本的長處是，其不熟練的勞動者，或許是全世界不熟練的勞動者之中，教育水準最高的。但是，在熟練勞動者方面，情況完全不同。

日本的教育體系，或許十分擅長給予全部的人相當高水準的基本知識和標準的教育。作為其出發點而言，這是好的，但是在今日重要的問題是，在這之上要再加些什麼。是否為技術純熟的勞動者開發非學問性的技能及有重大突破性及創新的知識。對他們而言，必要且不可或缺的特性並非基本的現有知識，而是富創造性及改變狀況的技能和知識。並非要在過去的架構之中尋求最大和最適當的組合，而是需要能夠創造出新事物的知識和技能。

創造出普通教育的穩固根基，的確對於緩和社會不平等的問題會有所助

益，但是並不能在全球市場之下充分而有效的競爭。簡單地說，並不會想拿在學校教室所學得的技能和知識和中國人競爭吧！但是，如果說到新的產業所需的技能的話，那並非在教室所學到的東西。必須創造出一個適當的體系以完成高等教育及實踐性的技能訓練，使人們能培育競爭的技能並不斷地使技能有所精進。

如果有能夠促進突破性創新思考的有效率之技能教育體系的話，就能將自己置於創造全新製品及產業的有利立場。能夠建構出新的商機，也就是不必擔心和世界其他對手競爭，就能夠開拓良好領域的經濟。因為並不存在與你所開發類似的產業或產品。美國的生物工學就相當符合這種狀況。美國在這領域，現在居於完全壟斷的立場，所以世界其他各國不太能與其較勁。因此，開發生物工學產業的企業，幾乎不必去注意其他國家的競爭。

在此新的教育策略之中，更難的部分是其實行的方法。實際上該如何去建構出二十一世紀的教育體系呢？雖然沒有簡單的答案，但是就某種意義而言，

這與在沒有危機之時是否能夠創造變化此一問題有關。日本人是否能夠改變這個表面上看起來似乎相當能夠充分發揮功效的教育制度的根本，現在正是著手改變日本教育的大好時機。現在如果不以長期的展望及全球性的視野來重建教育制度的話，下一世紀的商業海域將變得波濤洶湧而危機四伏。

擁有全球性的視野

成功的航海術的第三個要點是在企業的領域需要有全球性的視野，或者有必要使全球性的視野有所發展。

對日本而言，這方面也是面對未來的一項重大課題。也許有的人會認為因為日本的企業在全世界很有名氣且其產品廣受歡迎，所以日本人擁有全球性的視野。但是，筆者未必將之稱為全球性視野。

作為企業，要擁有全球性視野，就要能夠不拘國籍、不分人種，只要是有最優秀的人材就將其僱用到自己的公司服務。日本公司能夠僱用畢業於ＭＩＴ

和哈佛大學這樣世界最優秀教育機構的最拔尖的畢業生們嗎？可惜的是，在目前看來似乎是不可能，或者說不想這麼做。然而，事實上，擁有最高度技能的外國人也不願意去日本。因為，不論他們有多麼優秀，也不給予外國人公平升遷的機會。

在真正全球化的企業裡，最有才能的人材，不論其出身的國籍都有機會升遷到最高職位。

舉一個可口可樂公司的例子來說明。長期以來經營這個繁榮的多國籍企業的企業家是古巴人羅伯‧可伊斯威特。他曾經是一位貧苦的勞工階級者，後來想在美國試一試運氣而離開古巴。他進了耶魯大學攻讀化學，後來作為化學工作者而進入可口可樂公司。羅伯和其他新進員工一樣，一開始從公司最基層的組織開始作起。但是由於羅伯的技能和野心及可口可樂公司所提供的環境，他慢慢往上爬，最後登上最高經營管理者的職位，到去年辭世為止在此競爭激烈的飲料市場，指揮領導該公司達二十年之久。他只是單純地被視為最適合擔任

該公司最高職位的人物而被挑選出來。

可口可樂公司在某一時點由德國人擔任可口可樂國際企業的會長，由南非人擔任董事會的首席副董事長，由埃及人擔任最高財務管理者的職位。這種情況就是筆者所謂的「擁有全球化的視野」。

或者，讓我們來看一下祕魯的情況。祕魯曾由日商第二代的子弟而一舉成為總統。日本可能發生這種事嗎？在日本的韓裔第三代的子弟甚至連要拿到日本籍都很困難了，怎麼可能由在日本的韓裔人士擔任首相的要職呢？

日本擁有相當強的同質文化，這對日本人而言或許是件好事，但是對外國人而則很難溶入日本的社會文化。這樣對日本的企業而言將成為很嚴重的障礙。

日本如果認為想創造出全球性的公司的話，不要把外國人當作是與自己不同的有趣的外星人，而是要創造出歡迎外國人的包含其他民族的豐富的環境。

在新的經濟環境之下作為一個全球企業而想要成功的話，就要僱用最優秀的俄

羅斯人、最優秀的美國人、德國人、中國人，並且給這些俄羅斯人等外國人與東京大學畢業的日本人有同等當上董事長的機會不可。接下來，如果這位俄羅斯人是公司董事長的最佳人選的話，由他來經營ＮＥＣ及松下電器也是項不錯的建議。

中小企業的情況多少有些不同。中小企業的情況或許不太可能去僱用世界各地的人。但是，即使如此也必須要擁有全球性的視野才行。因為必須要關心全世界所發生的事才跟得上世界的腳步。在彼此相互結合在一起的全球經濟之下，例如住在仙台的人即使一步都不離開仙台，也是屬於全球經濟的一部分。即使是地球的另一端所發生的事件，或許也會影響到日常生活和企業的前途。此外，即使是中小企業也能使用網際網路和電視會議等最新的電氣通訊手段，而建構出遍及全球的企業。

追求世界卓越

「規格化」雖然成為最近幾年來管理產業的流行用語，但是筆者在此所想要強調的規格化，是比一般人在使用此用語時的意思更為廣義且具根本的意義。

或許會認為日本企業在達到產品規格化方面相當成功。但是他們所謂規格化的定義，一般說來都是十分狹隘的。在二次世界大戰後，日本為了要製作與輸入的產業製品相同的產品而意味著規格化這意義的瓦解。在最近，規格化或許意味著在國際規模之下其製造效率的比較。或者在最近，作為規格化的一種形態而被熱烈討論的世界基準（Global Standard）。

但是，無論在哪個情況之下，尚未有一全新的定義足以符合新的經濟現狀。必要的是，實質生產性的比較，比較其如何迅速地到達該目標的地區和市場。接下來最重要的是，將企業的慣行與世界規模下最優秀的慣行作比較。

就某種意義而言，日本人的目標不應該是全球化的標準，這是不夠的。而

應在該領域想和世界上最優秀的人一比高下。真正有益的規格化的特徵不是去適應世界的標準，毋寧說是要去探求世界的卓越性。為了從地球上最優秀的企業身上來加以學習——而非為了去模仿，而是為了去發展其卓越性——而加以利用規格化。在日本企業，這點將和取得真正全球的領導權一事有關，在二十一世紀的企業環境之下，這將成為要達到領導地位的唯一方法。

即使對只在國內市場從事經營的企業和個人也是一樣。然而探求卓越性並不需局限於和國內企業相同的水準。不管企業的規模如何，應該都有很多機會可以和世界其他企業作比較。因為即使是本地企業也可以藉由雜誌、電視、網際網路等工具而開拓視野，而能夠以追求世界的卓越為目標。

知道創造利潤的場所和手段

在全球性經濟的環境之下，因為全球經濟的最珍貴的資源——知識和情報，可以透過現代的電子通訊設備而快速傳遞，使得企業可以在世界的任一地

方從事生產、販賣。為了最充分利用該企業以從事生產，不得不考慮在何處如何作才能得到最大的利潤此一方面的問題。最適合從事生產的場所是何處呢？最能獲得銷售利潤的市場究竟在何處呢？何處才是能夠實行新的經濟競爭的場所呢？

這些考慮已不再受地理因素的限制。企業為了使其成本降到最低，而在世界各地購入各種不同的零件，在成本最低的地方從事生產，在銷售價格最高的地方從事銷售，而能夠盡量獲取最高的利潤。單純地來說，與其說變成美國企業和日本企業，不如說是變成全球性企業。但是這種趨勢也將造成緊張的局勢吧！因為雖然存在國家的政府，但沒有全球的政府。

過去的企業受制於該國的法規和規制及受到要嚴格遵守地方的作法之力量的限制。但是，在全球企業裡，並不存在這種制約。

第五章

人類未來的方案

我們再更進一步作深入的探險。要因應經濟的根本變化，不只需要熟悉並充分掌握新的航海技術，而且更進一步需要有遠見。關於未來世界的前途，有幾個方案。或許有些方案會創造出全新的經濟環境。

在《資本主義的未來》一書中，筆者借用生物進化論的用語，將現狀稱之為「平衡絕種期」。因為，進化通常是慢慢地進行，所以人類幾乎無法感覺到進化的變化。在古典的進化論裡，藉由自然淘汰而長期間為適者生存作準備。我們所能看得到的結果只是ＤＮＡ和棲息於該環境而占優勢的品種的循序漸進的變化。

但是，從最近的研究得知，這種理論並非永遠都是真的。在長期進化的歷史當中，有時會突然發生變化。例如，占優勢的品種突然死亡、絕種，或者環境整體因為天災而整個改變。在這種突然發生變化的例子當中，最廣為人知且討論最多的例子就是大約在六千五百萬年前所發生的恐龍突然的絕種一事。完全統治全地球的物種，幾乎完全消失。接下來，在地球上發生了一連串激烈的環境變化。

相同地，在文化進化的歷史上所發生的一些「革命」也在人類社會造成了突然發生變化的時代。大約在一萬年前所發生的農業革命，將工作的概念、生存的方法、遷移的模式，以及社會組織和經濟交流的體系完全地改變。在過去，人們主張宇宙的中心是太陽而非地球，因此遭到迫害。科學革命使得人們不得不重新思考地球的形狀及地球在宇宙中所在的位置一事。

十八世紀和十九世紀的產業革命可稱為人類歷史上最偉大的變遷期。由於蒸汽機的發明，使人類能夠以空前的速度向更遠的地方移動，也使得大量工業生產變得可能。然而在產業革命之前由統治性社會體制的封建主義大行其道，之後則轉變為資本主義及資本主義的競爭對手馬克斯主義，最後則讓給了共產主義。

就社會、經濟方面的意義而言，我們今日正處於失去平衡期的最高峰期。整體的經濟環境被僅僅二、三十年之前幾乎無法預測的力量、五個經濟板塊的推擠而完全變質。一旦進入此時期，穩固的體系和構造幾乎都變得落伍而跟不上時代，或者衰退不振。而且，此變遷期的結果將變成如何，尚且無人知曉。根本上大概會變成與近來資本主義的產業社會不同的社會。

所有的情況都是流動性的，甚至連兩、三個月以後的事都很難預測。但是在這世界，尤其在企業界工作想要獲得成功的話，一定要看見未來不可。要如何才能去克服這種矛盾呢？

為了思考關於未來的世界的形勢，可利用一工具那就是方案。可以考察在今日世界的變化、描繪出未來社會和經濟未來的藍圖而創造出一些可能的方案。但是，因為不可能正確地預言未來，所以這些方案均不能實現的可能性很高。實施上真正表現在世界上的，或許是幾個方案的排列組合，或者與假想的完全不同。但是由於使用預先假想的方案來思考，而能夠為可能發生的任何變化事先做準備。

不論企業、國家，甚至個人，人往往會被預測不會發生，或者希望不要發生的事生變而突遭襲擊乃至措手不及。因此面對未來，在不斷出現各種看法的新世界裡，為了不被突如其來的變化所擊敗的最好方法就是預擬一些未來的方案，樂觀的也好，悲觀的也好，以預測未來的可能性。在本章，筆者將提出三個方案。筆者並不打算為每個方案可能發生的機率打分數。因為哪個劇本會成為事實並非重要的事。但是筆者願讀者諸君能夠把這些方案當成思考未來時的一種工具。

《方案一》不公平的世界——不平等的增加和地球規模的摩擦

在今日，美國幾乎完全沉醉於其經濟的成功。美國被認為在全球經濟下占有優越的地位，英代爾公司和微軟公司完全控制著電腦業界。生物工學也幾乎由美國獨占鰲頭，在今日的企業界最熱門的，可以說是由美國所發明的網際網路。事實上像亞馬遜筆記之類的網際網路企業，在一瞬間就成了大富豪，全世界的企業都想效法該企業的成功經驗。日本企業也好，歐洲企業也好，如果想在未來的經濟界成功的話，也就是以知識為基礎的市場取向的環境下成功的話，就要變得更像美國企業一樣才可以。在美國正教導人們這種想法，此外似乎也向自己說明了此事。像法國人拒絕這觀念的人們則不理解最新的世界的實情。

尤其是對於資本主義根據地的美國而言，很清楚地，現在是表現最好的時代。通貨膨脹率也好、物價也好、失業率也好都下降到近數十年來所未見過的水準以下。美國股市也正在快速暴漲。美國紐約證券交易所在一九九七年股市突破八千點大關，創下新高。股價從一九八七年的谷底，在僅僅十年的時間之內，成長為四倍。美國股市的前景充滿希望。

美國在經濟各方面的表現的確是如此充滿活力。但是，尚有另一個事實。

那麼，再考察有關美國的情況吧！美國在過去四年平均國內生產毛額（ＧＤＰ）

的成長率是百分之二・六，比起一九八〇年代的百分之二・八及一九七〇年代的百分之三・八還低，比起一九六〇年代的百分之四・四更是落後一大截。此外，作為最終衡量經濟成績標準的美國生產性的成長率，在過去十年的期間創下每年百分之〇・八的新低，換言之是一九六〇年代的成長率的約四分之一。總是受到讚揚的高科技革命，其所帶來的貢獻並沒有表現在美國經濟成績的數據上面。

非管理階層的勞動者，其每小時的平均實質工資比起一九七三年最高點的時候還低出百分之十三。基層勞動力有百分之六十的時薪比二十五年前還少。雖然每年夫婦兩人工作的時間有增無減，但是家庭所得比一九八九年的所得水準低百分之三，比一九七三年的所得水準低更多。在全國居於前面五分之一的國民所得和居於後面五分之一的國民所得之間的差距，變得前所未有的巨大。至少高收入者所擁有的財富一直在持續增加。看到這美國經濟第二個事實，為什麼還能陶醉在這種所謂的經濟成功呢？

這種嚴酷的經濟現實，在美國表現得最為明顯，但是在日本也可看到一些徵兆。雖然自一九七三年以來，生產性持續在擴大，但勞動者平均的實質工資卻幾乎沒有增加。去年一整年GDP（國內生產毛額）的成長率相當低，經濟突然發生變動。在一九九七年第二十四半期，日本體驗到GDP百分之二・三的負成長。如果這種趨勢持續下去的話，GDP一年將減少百分之十一・二。日本股票市場的未來也處於不確定的狀況，股價加權指數比一九九〇年表現最好時少了百分之六十，而被認為將來指數會在一萬五千點上下震盪。

在美國也好、歐洲也好、日本也好，對於擁有最高工資的勞動者而言，或許全球化產業和智力產業意味著增加機會和提高工資。但是，對於工資居於下面三分之二的勞動者而言，全球化帶來的意義，毋寧說是要與世界其他地區的低工資勞動者來競爭。事實上，日本有很多產業，轉移到海外——馬來西亞、台灣、印尼，以及其他亞洲新興工業國——從事生產，如今，像新力等知名品牌產品多數都附上「MADE IN CHINA」（中國製造）的標籤。

轉移為以知識基礎為主的產業這種改變，對於工業國家的下層勞動力而言，也是種潛在的威脅。重要的問題是，如同前面已有提及的，政府和企業是否有意願，對這類勞動者的技能教育，拿出必要額度的資金作投資。如果不這樣作的話，他們在二十一世紀的高水準且知識集約的全球性競爭當中將被淘汰掉，變成只限於能擔任更低工資的職務。

在新的經濟現況中，將隨著你自己是誰，並且想看到什麼而使得狀況有所不同。如果回頭看一看正視現實的話，就會清楚地知道，一方面有錢人可獲得所有的利益，而貧窮的人卻益加步入貧困的境地。在工業國如果存在著嚴重的不平等的話，則一定要去思考，這將產生什麼結果，並一定要努力去盡早緩和這種不平等才可以。不然的話，早晚有一天，會在我們的社會體系產生嚴重的裂痕。

但是，實質工資的下降，因為每年大概以百分之一以下非常緩慢的進行，所以或許不易被察覺到。社會的緊張關係是可以控制的。因為發展的方式太慢，所以甚至連在經濟競爭之下苦戰的人都無法察覺到實際上有危機的存在。但是，我們是否寧可冒著讓社會不安蔓延下去的危險呢？是否有苦心積慮準備因應，因貧富兩極化的社會，易起紛爭的社會所造成的狀況。馬克斯所創的意識形態瓦解之後，如果他所預言的失業者、無產階級的擴大及最後的叛亂真的發生的話，將會是多麼地諷刺呵！

要詳估這種方案實現的可能性是很難的，但是的確是有對未來作預測的可能性。

為了避免內亂和國家間的摩擦

當然這種不平等並不只存在於社會之內，在社會與社會之間也存在著不平等擴大的危險。有些國家雖然在地圖上有被標示出來，但是這些國家並不是屬於全球經濟的一部分。就經濟上的意義而言，這些國家幾乎完全被世界所忽視。非洲和阿拉伯地區的許多國家正在面臨這種危險。這些國家被視為不重

要，不是迴避之就是單純地漠視這些國家的存在。這些國家與電子業的發展毫無關聯，在全球的供需體制裡也不居重要角色。除了從這些國家有可能大量移民到世界其他各地之外，這些國家與領導全球經濟的列強可以說毫不相關。

這些國家和先進世界之間所引發的軍事紛爭——我們應將其視為「文明的衝突」的機率相當低。製造武器需要耗費龐大的資金。要製造最新式的武器則要花費更龐大的資金。擁有資金的人，會變得連在今日高科技戰爭中最值得一提的武器也能全部擁有。

但是，還有一個會引起紛爭的潛在要因。那就是大規模的移民。此後從貧窮國家往富裕國家移民的比率將會增加吧！在南歐和北美已經可以看到這種趨勢。有愈來愈多的人，從北非和阿拉伯各國移民到歐洲，在美國也有愈來愈多的移民從墨西哥遷移進來。他們抱著希望想在充滿機會的土地上，試試自己的運氣。然而這些移民者，作為非法勞工以十分低廉的工資從事勞動，他們在不知不覺之中使全美國的工資下降。

在亞洲也有數以百萬計的人正在超越國境大舉遷移。對大規模移民的恐慌才是在亞洲無法形成共同市場的主要理由。在共同市場需要有流動性的勞動力和資金。在歐洲，西班牙人能夠沒有任何問題地在德國工作，德國人也可以順利地在法國工作。但是，如果中國和日本之間的國境完全開放的話，會有多少中國人想移民到日本，去賺比在中國高出甚至上百倍的工資呢？如果真的變成這樣，則日本當地將有比日本人還多的中國人居住著。即使在亞洲能夠成為自由貿易地區，但是因為有移民的問題，所以應該無法形成像歐洲一樣的共同市場吧?!

移民會使社會引發更大的緊張關係。在奧地利、法國、瑞士等地，有很多超民族主義的政黨也獲得空前的支持，得到許多選民的選票，這也是明顯的例子之一。反移民運動正在迅速地擴展開來，有愈來愈多工業國家的人，似乎在考慮不是關閉國境，就是樂於將已定居在本國的移民驅逐出境。

要完全把國界封閉起來幾乎是不可能的。然而，如果經濟的不平等在這地球上變得愈加嚴重，則有關移民的問題也會變得更加嚴重。

如此一來，或許會對未來世界的狀況有重大影響的不平等，可分為兩種。其一是所得的不平等，另一個則是國家之間的不平等。因此，在國內也好，整個地球也好，為了避免這種社會兩極化的發生，究竟該怎麼做才好呢？

在先進資本主義國家裡，其中一項重要的因素是對二十一世紀所需的技能訓練及教育基礎建設的公共投資。人們雖然稱讚自由市場經濟的優點，但是未必因此我們子孫的未來，就能得到必要投資的確定和保障。如同到目前為止我們所觀察到的，資本主義幾乎都不關心未來，而只對短暫眼前的利益表示關切。要「生產」大學畢業生也需花費十六年之久的時間，哪裡會有資本家樂於支付一筆費用去投資在連結果都相當不確定的教育上面。

只要個人的行動不直接去傷害到他人，資本主義並不要求自我抑制及關心公共的利益、社會的利益。但是，就長期的眼光看來，為了使資本主義發生效用，一定不能針對特定個人直接的私利私欲而做投資，而是要為了社會長期的安定而作投資不可。為了在即將到來的時代建構出健全的社會體系，只有貪慾或者私利私欲是不夠的。

長期的投資結果也會和個人的利益有關。為什麼呢？因為個人最後的生存機會是與其所生存的環境的存續，也就是社會整體的存續有關。當我們在採取措施時，有必要在個人主義和集體兩者之間，取得一個明確的平衡。但是要讓所謂短期個人主義的資本主義原則和長期的社會利益共存，並進而提昇個人資本主義的目標是否能否完成呢？那就是為了確保社會的安定及經濟的進步所不得不去克服的一種困境。

在地球規模的情況之下，這個問題變得更加重要。在南北發生紛爭的情況下，北方會被認為是容易獲勝的，但是這是在沒有發生大規模移民的情況下的說法。有如下的一則笑話「墨西哥現在正在慢慢地再次征服美國」。不是藉由軍隊來征服，而是藉著眼睛看不見的大群的非法移民來進行征服。如果無法尋找到一適切的方法以縮小富裕國家及貧窮國家之間的差距，則貧窮國家的人民，將透過電視取得情報了解富裕國家的情況，藉由便宜的機票而提高其移動性，而前來叩富國之門要求分得一杯羹。

《方案二》極端的個人主義和社會的分裂

人們要表達對現在經濟體制不滿的方法，不只可藉著對立和紛爭來傳達。決心脫離社會，也就是不以社會所提出的條件來參與社會的活動，這樣的人也存在著。

此後，可以料想到會有愈來愈多的低工資勞動者會脫離社會的體制。因為他們並不怎麼具備有競爭力的技能，所以很少有企業願意僱用他們。但是，在很多情況下他們這些人是自己選擇不願意參加一般社會經濟的生活。在全世界各地所存在的無家可歸的流浪漢就屬於該族群，在工業化世界的多數地方，這些無家可歸的人數正在增加。

即使只是看一看在東京車站旁以硬紙盒箱來蓋臨時房子的人數有多少就可以知道了。在此呈現出幾乎將自己完全與一般勞動市場切離的這一族群人們的生活百態。他們或許正在從事著重勞動和體力勞動的臨時工，但是他們完全沒有機會擔任更高薪的高職位，也沒有機會與未來的產業有所接觸。他們被視為不具生產性而且不可靠，即使只接受最低的工資也無法在大型企業裡找到工作。

在企業急速發生變化的今天，一旦從體制中走出來而要再度回到體制內則變得空前的困難。

宗教原理主義的背後

社會分裂的結果所引發的另一個可能性是新宗教和宗教原理主義的發展。

由於經濟方面的不確定性及勞動市場的激烈競爭，使得愈來愈多人想從宗教信仰裡尋得心靈的避風港，然而有些宗教往往提供新奇且與眾不同的精神主義。

即使是在美國、日本、歐洲等地，在這兩年之間可以看到很多奇怪的宗教完全切斷與周圍所處社會的關係此一怪象。他們似乎往往由於精神領袖人物教主的命令和隨心所欲而活在完全封閉的只有自己的世界之中，有時候這種脫離雖是比較無害的行為，但是很多情況證明，這種行為對信奉者而言也好，對周遭的社會而言也好，都是具有破壞性的行為。

日本的奧姆真理教對社會所做的催淚瓦斯的攻擊，可說是這個現象最典型的例子。奧姆真理教的信徒們，生存在只有自己信眾們相信的法律和規則的世界裡。其法規是與社會的規範及基準無關的。有的情況是信仰只將自己關在自己的世界裡，但是有的情況是其信徒基於自己的信仰而無意識地去殺人，也發生過這樣的悲劇。

過去取代資本主義的體制是社會主義。在今日，對一部分的人們而言，似乎是由原理主義擔任取代資本主義的體制。

在分離世界裡「對明天的投資」是不可靠的

此外，在地政學上的世界正逐漸分裂為大抵以同質性的民族族群為基礎的小國。南斯拉夫就是其中一個例子。然而，就某種意義上看來，南斯拉夫的解體是象徵著等待未來前途的前兆。

在過去，將很多國家及社會整合起來的是憑藉意識形態和所謂共通敵人的概念。在蘇聯時代的說法是所謂的「我是共產主義者，是與卑劣的資本主義者對抗的世界共產主義的一部分」。但是在共產主義不存在的今天，過去共產社會凝聚為一體的理由也不復存在，要保護自己免於外來者的侵略的理由也消失了。資本主義國家也是如此。

而且，像新加坡和香港這種十分小規模的國家，證明了即使不是大國也能夠獲得成功。我們來看一下以法語為標準語的加拿大的魁北克省的情況。因為在三十年前他們相信，為求經濟繁榮需要是大國家裡的一部分，所以為了確保高水準的生活品質而認為一定要生存於加拿大當中不可。但是在今天，誰也不信那一套理論了。雖然即使在過去，那套理論也不真實，但是如今那的確是不真實的。即使是小國也可以用和大國幾乎相同的條件來參與全球性經濟。然而，如果小國真的能以相同的條件參與全球的經濟活動，則小國還有什麼理由要永遠被討厭的鄰國和民族來統治呢？

對貿易完全開放國境的全球經濟之下，在超級大國彼此間大的意識形態的對立消失的世界之下，不同民族的族群要求擁有主權一事，變得空前的容易。其結果將會造成許多國家生生滅滅。我們在過去五十年的期間幾乎都沒有修正國界，我們會傾向於忘記過去這種特殊的時代。

作為此後的趨勢是，世界上國家的數目將會快速的增加。如同前面已提到過的，世界上有一些地區已經分離了，此後將持續有更多的分離會發生。北義大利正想將南義大利驅逐出境，像印度這種多民族的國家，在此後的二十年或許會變成十五個國家之多。至於擁有多民族族群的中國將變成如何呢？如果舊有的中央集權的政權瓦解的話，將會發生什麼事呢？看來似乎將誕生的新興國家的名單將會很長。世界各地所有的地區正在進行分裂。

很顯然地，世界上存在著一種自然分裂的趨勢對國家而言再好不過。在全球經濟之下，因為能以更小更近的單位作出一個體系，所以擁有一個處在遙不可及來統治人民生活的大政府，何益處之有呢？隨著提倡個人主義的資本主義意識形態的擴張的同時，有愈來愈多的人會從大的體制中脫離出來，並非不可思議之事。

對於這種分裂為小國家化的變化表示歡迎的人也大有人在。因為他們認為在小國化的社會之下，能夠賦予更為安定的自治性和更大的文化認同。但是，關於對於未來長期性集合的投資之必要性又是如何呢？在小國的體制下，政府也就是政治體系裡是否具備足以與近視眼的資本主義勢力抗衡呢？接下來，其政府能夠擁有手段和意志以針對基礎研究和科學作必要的投資嗎？

筆者相信，如果想要避免未來的發展是一片殺氣騰騰的情況，則一定需要作出一些集合性的投資，在本書中屢次提及，需要有頗具規模的政府對基本的研究開發、公共建設及教育作出踏實的承諾。產生新的產業和新的突破性創新技術這般的基礎性研究開發是小國所無法完成的。

對於小國而言，要把龐大的資金投資在不知是否能產生利潤，或者何時才能帶來利潤的事業，風險太高了。另一方面，和美國一樣的大國，即使知道所投資的項目中，其中只有一部分能夠產生利潤，也能有充分的資源足以對多樣化的未來性研究作投資。

讓我們再次想一想關於生物工學的例子。美國政府在一九五〇年代開始投入巨額的資金，投資於當時被稱為「生物物理學」的領域。在這研究領域投入龐大公共資金約三十年之後，該產業對民間企業而言終於變成具有市場性及收益性的產業。如果沒有大規模的政府持續地提供龐大的資金的話，則無法充分地活用在這領域所開發出來的技術。

大規模未必永遠都是好的，但是也未必小巧就永遠是美好的（small is

beautiful）。有些事是小單位的情況才能妥善完成的，也有些事要大單位的情況才能實現。然而，如果提到對於我們共通的未來，所不可或缺的大規模的集體投資的話，無疑地需要具有某種程度的規模才足以實現。

《方案三》真正的利他主義和「綠色革命」

近年來，環境問題成了世人所多加關注的焦點。在歐洲尤其顯著，美國和日本就某種程度看來也可這麼說。世人開始感受到如果沒有一個能使自己快樂地生存且享受所生產的成果的一個地球環境的話，擁有全球經濟並沒有意義。人類正面臨著大規模的環境問題，似乎意識到需要有地球規模的協調行動這一種認識逐漸高漲。所謂地球議題的高峰會議於一九九二年在里約熱內盧召開，而且在最近的一九九七年十二月，在京都召開了關於地球溫室效應方面議題的

聯合國會議。幾乎世界上所有的國家的國民都對關於臭氧層的破壞及地球溫室效應方面的問題有所認知。幾乎所有的人似乎都發自內心在憂慮著這樣的情況。

因此，未來的方案之一；或許會更加去關心由於全球經濟的變化而加速人們對地球利他主義和環境的關心。為了保護環境必須放棄個人直接的慾望，此外富裕國家的人民為了幫助貧窮國家有需要更拚命努力這一方面的認識有可能成為二十一世紀的「綠色革命」的重要的社會要因。

本章裡所探討的方案中，這個方案屬於最絕對樂觀的方案。但是可惜的是，這似乎也是最天真的方案。放棄基於內心願望的想法，如果看一看在今日世界所發生的主要事件，就會知道在現有的經濟體系之中要出現這種社會是很難想像的。

「認識地球」發生了什麼事

認識地球的意識日益高漲，也有人說或許甚至會產生某些形式的地球意識。由於網際網路的普及、便宜的機票使得愈來愈多人出國觀光旅遊、對地球環境認識的意識等等要因，使得表面看起來，似乎我們對地球認識的程度及擁球全球性生活方式的人數有所加增。

但是，實際上，也能把它想成是多少朝相反的趨勢進行，在冷戰結束之後的有趣的現象是，美國人變得對國外的世界新聞不加關心的情況。在這十年的期間，一般人對全球性問題的普遍關心這一方面發生了很大的變化。

筆者曾在華盛頓所舉行的會議上，與前總統喬治・布希及現任總統比爾・柯林頓二人同席參與討論。有機會能夠觀察到這兩位總統談話的焦點是如何地大異其趣，真是十分有趣。喬治・布希在那次演講所提到的內容，幾乎都談到外交政策。另一方面，比爾・柯林頓演講的內容都完全集中在國內問題。這種對比，在某種意義下象徵著在冷戰結束後，美國所發生的變化。美國人變得更不具全球性視野，也就是說對世界變得更不關心，而將關心的焦點轉為國內問題上。

今日美國的報紙及電視節目與十年前相比，幾乎所有的報紙及電視節目有關外國的新聞都變少了。在冷戰時代裡，幾乎每天晚上電視的一些節目都會播放「看似瘋狂」的俄羅斯人現在正在做什麼、柏林的狀況等等，但如今，只要世界上不發生大災害，外國的新聞不會變成頭條新聞。例如，ＣＮＮ電台非重新編製其新聞節目不可。因為美國人已經不是一天二十四小時都在看海外新聞。

接下來，日本的情況也可說是一樣的。日本一直以缺乏外國新聞著稱，但實際上即使是主要報紙及電視上的新聞節目都十分少有關於世界事件內容的新聞。

在今日，像美國和日本等國家的人，認為自己有「全球性」的人只有十分少數的人。或許有大約百分之二十的人，感覺到國外去旅行十分舒適，在國外賺取一部分的所得。這些人之中有多數很可能認為自己屬於「世界市民」。接下來，好不容易終於勉強能夠適應全球性經濟現狀的人，約有百分之二十左右。接下來最後是完全無法參與此全球性經濟競爭的大多數，約占百分之六十左右的比例。他們的技能不夠純熟，也不具備利用新的經濟實況的能力，當然他們不會認為自己是世界市民。

但是，產業國家的政府如果不給予這些人適當的技能教育，努力去強化中等教育後的教育制度的話，這個族群的人比前面兩個小族群更有可能變得更大。

在美國擁有護照的人，只占人口的百分之九而已。或許有百分之九十一的人口，連一次也沒有出過國。甚至連鄰國的加拿大和墨西哥也沒去過。

在日本的情況尤其如此，雖然有更多的人去國外旅遊，但是並不因此就能自動地認識地球及加深對其他國家根本的認識。舉例而言，作為一名觀光客去義大利旅遊，能夠學習到什麼有關義大利的事呢？或許會去羅馬的競技場和西班牙的廣場去照很多相。但是，這種方式可說是只接觸到義大利文化十分表面的部分。幾乎完全沒有機會與當地的義大利人有交談的機會，也沒有機會訪問義大利家庭及當地的公司。然而去義大利觀光旅遊的人很可能並不會說義大利文。有些時候，這種由旅行社所包辦的隨團出國旅遊，與其說促進對新形態地球的認識，毋寧說或許強化對關於其他文化原本已存有的刻板印象。

雖然我們好不容易才建構了全球經濟，但是我們似乎處在彼此之間變得愈來愈互不相了解的這種特殊狀況。然而在很多情況之下，變得愈來愈不關心彼此的事情。如果認識地球及其結果地球的利他主義將成為形成社會的主要要因的話，可確定的是這在近期的將不可能完成。

「綠色的利他主義」是否正在萌芽？

在共產主義和資本主義的競賽中，證明了想要利用利他主義的原則是多麼地困難。的確暫時由社會主義體系實現了利他主義。人一定要是非利己且無慾的，接下來為了社會全體的利益，應該展現出真正利他主義的精神。一定要接受低工資及低下的物質生活水準不可，因為這是為了促使全體社會邁向更高水準及更崇高社會的境界。

眾所皆知的，社會主義的這種嘗試是註定要失敗的。人們在採取行動時，因內在的貪欲及私利私欲才能激發起強力的動機，今天也是如此。實際上，共產主義體制的領導者本身在這實現的過程中，自己就放棄了這崇高而偉大的理想。

提倡環境保護主義的人們，或許會找到利用利他主義的更有效的新方法。但這次的焦點不是放在人類的社會，而是著重於自然環境。因為對自然環境的關注而引發「綠色革命」的可能性雖然有，但十分小。「綠色革命」不只是為了提高農作物的收成，還表示為了環境的「固有價值」，人人開始要放棄物質的要求，展現重視環境的意志。但是，即使是最熱中於環境保護主義之人，是否能夠如此戲劇性地改變過去的意識形態及行動模式，則是十分令人感到懷疑的。

全世界的人到如今都開始對所處的環境表示關心。這並非因為利他或者理想性的理由，而是在自己周圍的環境發生了相當嚴重的危機所以不得不對環境深表關心。

現代環保運動的推動者而屢受到人們讚賞的雷查・卡森，他也是《沉默之春》一書的作者，正是因為眼見這種地域性危機，也就是說因農業使用ＤＤＴ而引發看得見的環境破壞而促使他採取行動推動環保。

之後，美國人和日本人也因世界發生了嚴重的公害問題，而變得開始擔心化學污染的問題。在日本一開始推動環境保護運動的契機是在一九六〇年代所發生的汞中毒及水俣病。此外，加州的人也開始擔心大氣污染的問題。他們並不是為了要保護鳥類的生存及保護未來的世代，而是因為在洛杉磯市中心開車，從自己的車子看出去幾乎看不見前方的來車，而開始擔心環境問題。

我們十分善於處理環境方面所產生的明確且看得見的危機。但是在此危機發生之前，我們大概幾乎都不會採取任何的措施。筆者認為要宣揚世界上所有的人都應是綠色保護者的理念、或者不拘其出生地、民族及文化，都應該基於高度的道德理想及利他主義而相互支持的理想，是十分困難的事。

真正的環境問題究竟為何？

在談到關於生態學及環境問題的情況下，將之區分為三類型的問題來討論是很重要的。

首先，關於天然資源枯竭方面，並沒有實際發生能源枯竭問題的證據。石油產量空前的充裕，幾乎所有天然資源的價格都接近歷史上最低紀錄。但是，縱使有一種或數種天然資源枯竭，市場也就是資本主義體系應該能夠妥善地處理好這問題。如果石油變得快要用盡的話，而石油價格上昇，則企業應該會開發出代替石油的燃料及使用較便宜燃料的引擎。如果是銅礦有完全枯竭的危險

而使得銅礦價格上昇的話，則自然地將加速促成人們使用光纖及無線通訊。縱使發生資源枯竭的危機，在現在的經濟體系範圍內應能妥善加以處理吧！

即使是像食品這種重要的資源的消耗也並非本質的問題。如果真的有需要的話，如果我們真的想要的話，能夠生產出充分的食品以提供給全世界的需要。如果真的想這麼做的話，在整個沙烏地阿拉伯境內也有可能能夠栽種食物，只要將海水去除鹽分就可用來灌溉農地。問題很單純，只是有沒有意志去作必要的投資而已。或許在二十一世紀也會有很多人會餓死。但是，這並非因為技術上無法製造出充分的食品而導致的結果。

世界性的人口增加的確是一個很大的問題，但問題主要之處並非來自於食物資源惟恐不足這點。毋寧說，關於人口增加的問題所令人擔心的是由於生活方式而受到環境的長期壓迫的問題。我們假定全世界的人擁有和美國一樣高的生產性、和日本一樣的規律一致性、和中國一樣的消費能力。如果這樣的話，世界能養活多少人呢？筆者並不能清楚此問題的答案。大概能夠養活一千億人左右吧！另一方面，如果所有的人擁有和美國一樣高的消費水準、生產性和衣索比亞不相上下、擁有和烏干達一般的社會規律性的話，則這世界上實在是會有明顯的人口過剩問題。

第二種類型的環境問題，也就是關於河川及空氣的區域性污染問題，這一方面，政治能相當妥善地處理好。每個人的生活如果富裕之後，就會轉而向政治家要求享有更乾淨的空氣及更純淨美好的水質。人們討厭使用過的髒水直接流進當地的河川，也討厭由於空氣污染而使得孩子們為氣喘所苦。對於在一九九七年發生於印尼長期的森林大火而導致的污染問題，各國政府都採取了相當堅決的態度要努力去解決此一問題，甚至連東南亞比較貧窮的各國也為此問題而不遺餘力。這即是區域性政府迅速地跨國際去處理區域污染問題的例證。

市場能夠妥善地處理好資源枯竭的問題，政府則能巧妙地處理好地區污染問題。真正的發生環境問題是臭氧層的減少及地球的溫室效應這種幾乎肉眼看不見的長期性環境變化。資本主義的短期性視野所造成最嚴重的問題是在於這種地球規模的長期性環境問題。

對於臭氧層的破壞及地球的溫室效應的問題，資本主義社會應該採取什麼措施呢？就經濟上的定義而言，這些是相當困難的問題。因為不像資源枯竭的問題一樣，會直接造成價格自動地上昇。此外，也不像地區性污染問題一樣能呈現出肉眼看的見明確、可能解決的危機。地球溫室效應的問題也好，臭氧的減少也好，這都是大概要花五十年到七十五年的時間才能有所改變的。我們現在所採取的政策會對半世紀以後的環境造成影響。然而如果不採取任何因應的措施的話將會有什麼結果呢？關於這兩者存在著很多不確實性及危險性。

如果執行資本主義的決策的話，為了防止造成此種問題，企業應該作些什麼呢？在這種前提下，要回答此種問題就相當容易且明確了。答案是「什麼也不必做」。在未來的五十年及一百年之後，即使會有很大的負面效果，對現在企業的影響也等於是零。未來會呈現負面結果的影響在現在看來如果是零的話，今日投資很多時間和金錢為了防止這些環境問題的發生，是一種資金的浪費。但是，真正的問題是在未來半世紀之後，如果這些問題都真正浮出檯面的話，到時候才想要扭轉情勢，就會為時已晚。

為了防止環境的惡化，雖然需要付出相當大規模的努力，但是因為尚看不到悲慘的結果，只能作出十分緩慢且微小的努力，如何才能動員人們積極參與解決環保的問題呢？為了防止環境惡化，現在我們真的能樂於付出更高的稅金，打算支付更多的代價以改善二〇七五年的環境嗎？

如果地球規模的環境問題是真實的話，長期性的預防措施就會變成是最重要的課題。如果人類現在不為將來採取任何預防性的措施，則有一天，後代子孫將無法生存在這變化過的地球環境之下。但是，到了那個時候，他們才為了防止自己面臨毀滅的命運而想作出些努力，就為時太晚了。在今日我們經濟體系的理想狀態是，各自的世代實行各自適當的資本主義決策，但是如果這樣下去的話，最後的結果也許會變成是社會的集體自殺的悲劇。

朝向建設性的方案

在學習為了使今日成功所必備的航海術的同時，也必須為未來做準備，看到未來，去探究在未來的社會經濟體系發生根本性變化的可能性。在本章所列舉的三個方案，不管是三者之中的哪一個，或者是三者做排列組合，都希望能預先為其發生的可能性做好準備。這些未來可能發生的狀況裡，都不僅包含著潛在的機會，也隱藏著潛在的危機。

誰也無法預先斷言說，我們將朝哪個方向前進。然而，筆者也完全不打算主張把所有可能發生的情況在此一一詳細記載。此外，筆者也不認為特別偏好這些方案之中的哪一個。但是，筆者認為有先見之明，廣泛地為將來可能發生的事件做準備一途，才是在二十一世紀初的經濟探險中能不被擊敗而提高機會的唯一有效的方法。如同筆者已經屢次提及的，未來性的視野是資本主義，也就是今日的經濟政治體系所欠缺的最重要的要素。僅管如此，如果不能夠以某種形式將對未來的展望再度放進我們的思考及行動當中的話，或許想成功地航行在未來的海域上，是一件很難的事。

但是，不可因此而絕望。我們並不是不管自己所採取的行動為何，結果已預先被決定好了的希臘的悲劇演出者。只要有意志力的話，就能夠影響經濟和社會體系，或者環境未來的發展狀況。所謂方案，並不是一定要被動的作出反應。每個人都能夠積極地參與創造出未來另一個新的可能方案的過程，而且每個人務必都要積極投入參與不可。

在本書的最後，將提出建設性的方案，決定去探索更安定，更具持續性的社會輪廓。

第六章

建設者的意識形態

撒羅流派的「明日的方案」

失去目標的經濟強國

在第二次世界大戰之後，日本也好，美國也好，他們沒有必要為了弄清未來的方向及目標而苦惱。日本的目標很清楚，那就是「從第二次世界大戰的破壞當中再重新建設起來」、「經濟方面追上美國」。美國的目標也一樣相當明確，那就是「封鎖共產主義」。然而，有長達半世紀之久的時間，日本社會也好，美國社會也好，沒有必要真正認真去思考將來應該如何定位才好。在國家領導人的心中必然地會被要求去尋求國家的定位及方向。為了建設新的日本，為了守護民主主義和資本主義，一定要對教育、基礎建設及研究開發進行龐大的投資不可。

但是，如同前面所提到的，共產主義在一九九〇年代初期消滅了。共產主

義是從內部瓦解，而消失在這世界上的。然而，共產主義在未來所存在唯一的重要性，只是將被記載在歷史上。因此，美國在大恐慌發生以來，首次面臨到失去明確的課題及目標。

如果相信世界銀行的公式性概算的話，如果說到國民每人平均實質的ＧＤＰ，則日本到一九九〇年初期以前還不能說追上美國的水準。以標準購買力平價概算法求計算的話，日本約佔美國百分之八十五的水準。但是，如果考慮到這些數字所算出來的方法，則百分之十五的差距就不是那麼重要了。因為會根據是如何測定出這些數據而在結果上表現出很大的不同。

如果重視平均每人居住空間的坪數的話，則日本每人平均的ＧＤＰ則遠遠落後於美國的每人平均ＧＤＰ，在日本要購買到和美國一樣大的居住空間，需要花費相當巨額的所得才能作得到。反之，美國在健康管理方面，花費日本兩倍之多的費用，但是健康統計卻顯示美國人的平均壽命遠遠低於日本。因此，如果重視健康的話，則兩國的立場就逆轉過來。扣掉美國人浪費花在健康管理

方面百分之八的ＧＤＰ，再給更健康且長壽的日本加上兩國之間健康管理成效差異相當的數值的話，則日本的每人平均實質ＧＤＰ就會變得比美國高。如果，用單純的通貨價值看來，在一九九七年來，日本的每人平均ＧＤＰ比美國高出百分之三十一・四。

事實上，日本已經達到與美國在經濟上不相上下的目標了，作為未來的視野，「追上美國」已經沒有任何作用可言，此外，作為指示出未來該作些什麼的方針而言也沒有意義了。從一九三〇年代第二次世界大戰開始以來，到了現在，日本首度失去未來該走向何處此一明確目標。

對美國而言也好，對日本而言也好都一樣重要的是，在二十世紀後半能充分發揮功能的體制，在二十一世紀前半也許會變得無法充分發揮功效。這兩個時代是完全不同的時代。

正如目前所看到的，在軍事方面也好，經濟方面也好，資本主義已經沒有其他競爭對手了。知識資源及知識產業已成為經濟的主軸，取代了過去以自然

資源為根基的產業。經濟的全球化，地球的人口變化、世界的權利競爭，全部都以嶄新的姿態來迎接即將到來的二十一世紀。

不論從哪個角度來看，這種現象看來似乎只能稱為「新時代」。即使日本的泡沫經濟沒有瓦解，或者金融政策沒有發生失敗，在面對新時代的到來，此時也該是要明確制定出新的策略的時機了。

留名青史的領袖，在歷史留名的國家

在美國經常會問孩子「長大以後要作什麼呢？」這樣的問題，這個問題相當於在對國家提出質問「二十一世紀應如何定位呢？」或者「想在歷史上留下些什麼痕跡呢？」。

除了德國的赫魯默德・柯爾首相之外，現在各國的領導者，關於自己及關

於國家方向也好，誰也無法回答此一問題吧？柯爾首相知道自己是促使東西德統一而留名青史的男性領導者。此外，他還希望自己也能在促使歐洲統一一事上留名青史，而努力地推動歐洲統一的貨幣及歐洲共同市場。

與柯爾形成對比的是，如果柯林頓總統被問及「閣下想在歷史上留下怎樣的足跡呢？」，柯林頓總統恐怕將答不出來吧?!其結果看來，柯林頓總統似乎無法在歷史上留下任何痕跡。柯林頓總統的作為，會完全立刻被時間的沙流所掩蓋，很快就被世人所遺忘。幾乎所有的美國總統和日本首相都是如此。

讓我們來想想看，我們在歷史上所學到的社會，那通常是帝國統治者的社會。在今日雖然不會有地理上的帝國再被重新建造起來的事，但能在未來的史上留名的人，的確是建設知識帝國之人。

所謂生物工學的帝國，意味著人類史上首次部分藉由人的手能夠創造植物、動物及人類的生命。首先，藉由生物工學能夠治療遺傳病，接下來還能創造出更優良（更大、更聰明、更美麗）的人。單純地說來，能留名青史的人是

發明出足以左右人類未來具有突破創新性技術之人。

身為客旅的我們，造訪埃及的金字塔、古羅馬神殿、羅馬帝國、馬雅的都市國家、哥德式教會建築、萬里長城、印度皇妃泰姬陵、古高棉的文化寺院等等。從今以後的一千年，該時代的觀光客將訪問哪些地方呢？誰能建造出有耐久性且有價值值得一看的東西呢？在今日公共建設當中，什麼會被視為歷史遺產呢？

日本不景氣和一九九〇年代泡沫經濟瓦解之後，造成失敗之後，情況一直無法有所進展最大的原因是日本欠缺關於未來將走向何處去的視野。要使日本恢復往日繁榮景氣，其中方法之一是要去改變有關繼承的法律，與美國有關的法律、關於日照權的法律，以及與地震有關的法律。因為有了這些法律，所以日本才不能擁有看起來甚至像荷蘭一樣人口密度高的國家一般寬闊的居住空間。

另一個恢復繁榮之道，或許能夠以開展公共建設設備為中心。或者說，為

了使國民更富有豐富的創造性及能夠創造出大規模具有重大突破創新的技術，而專心致力於改善其教育體系也可以。雖然目標本身要愈嚴密愈好，但是不用說，最重要的是要擁有目標。

所謂建設者，在發現解決問題方法的同時，也需要具備過去曾被視為問題的存在一事，也能將之轉變為另一種機會的能力之人。以輸出為主導型成長的時代閉幕了。因為可以參與這種經濟競爭者，只有僅少數的國家，以蘇聯為首的其他多數國家依然信奉社會主義和共產主義。

世界經濟每年的成長率，明明只有百分之二・五，各國每年的輸出卻要增加到百分之十五～二十五，這樣的情況是不可能的。但是，在亞洲誰能最先去認識此事實，而明確提出以國內牽引為主的成長型經濟的成功新策略呢？

人類的本質不在於消費

歷史很清楚的告訴我們，能留名青史的社會就是建設者的社會。有時候，建設物是物質的東西，也有時候是知識性的東西。但是，留在人類記憶裡的永遠是建設者。消費者絕對不會在歷史上留名。

為了理解這個道理，必須去探究人類和其他動物在本質上的不同。我們之所以身為地球的統治者，並不是因為擁有和獅子之所以為百獸之王一樣的特徵（強悍、快速、有殺傷其他動物的能力）。也不是因為有消費的慾望。因為每一種動物都希望能確保食糧、免於風吹雨淋、保護自己免於獵食者的侵害。

人類本來是製造道具的動物。之所以會去製造道具，有一部分是為了使生活更有樂趣，但是如果僅止於此的話，就不是人類所特有的現象了。人類與其

他動物不同之處，在於經常為了開始一件新的事物，或者為了開拓一個新的領域而持續去開發、製造新的道具。

人類本來就是探險者、是冒險者。由於人類所發明的道具，往往使得人類所企圖嘗試新的探險、冒險變得可能。從帆船到登陸月球的火箭，道具的發明，使得人們可以到至目前為止尚沒有人去過的地方去探險。人類對於冒險和探險的興趣，並不只限於地理環境而已。科學有著無窮盡的邊境，在科學領域裡，永遠存在著應該探險的新世界。接下來利用被發現到的東西，又可以作出新的道具出來。

通常人類對探險的興趣，需要有社會的支援。哥倫布被十五世紀西班牙納稅者所支持才能完成其探險之旅。登陸月球的計畫也受到二十世紀美國人納稅者的支持才是以完成的。所謂探險的活動並非個人的活動。

人類似乎偏好具有危險性及不確定性的活動。例如，如果前面有一座高山，就想登頂試試看。大家都知道，在山頂上並沒有什麼有價值的東西。但是

如果是其他的動物，就不會為完全沒有報酬的事去做努力。

此外，依照動物的不同，有的動物是成群生活在一起的（狼），有的則不是如此（美洲豹），但是人類很顯然地是群居的動物。隱居的人是例外的情況，但是幾乎沒有人能夠離群索居作為隱士而能存活下來的。人類與群居的動物所不同的是在於，人類會隨著時間的變化而創造出推陳出新的複雜社會的社會的建造者。在狼的群體裡，雖然個別的狼所占有的權利地位會有所改變，但是其支配模式卻是不變的。但是，人類在中世紀所建構的都市，和現今的都市大異其趣。人類之所以是人類，就在於人類是基於社會統制，而非基於所謂弱肉強食這種自然狀態而存活下來的。如果社會統制一旦瓦解而變成弱肉強食的話（像一九七五年到一九七九年在波爾．波特所統治之下的柬埔寨一樣），則人類的生活水準就變得快速下降。

人類和其他的動物不同，同時會關心過去和未來這兩方面。自己的存在來自於過去，此外，也擁有朝向未來而有明天的感覺。但是，未來並非由運氣來

決定的，未來至少有一部分是掌握在人類的手中。為了積極地建構未來，人類能夠為這方面作投資。

人類想要擁有影響力，有時候也想在歷史的沙灘上留下足跡。作為個人，能夠留名青史的人雖然僅有十分少數的人，但是如果就參與了「建設」這個意義而言，每個人都有可能能在歷史上留名。舉例而言，大家都知道，古埃及的金字塔、紀念物並非由法老王們所建設出來的。那些遺跡是由埃及的市民們所建造出來的。

人類在本質上既是競爭者，同時又是互相合作的伙伴。共產主義就是想基於沒有競爭的合作關係而建設整體的經濟。但是，共產主義最後以失敗告終。相對地，如果資本主義無視合作關係而只基於競爭關係而想建設經濟的話，一樣也會失敗吧！因為為了確保資本主義的長期繁榮所必須具備的有教養的勞動者、紮實穩固的基礎建設及對研究開發所作的努力等等要因，都已蕩然無存了。只藉由競爭，社會會無法運作。

就歷史上看來，有動態的社會、停滯的社會、衰退的社會及滅絕的社會等等。所謂動態的社會，就是混亂和秩序兩者正好完全保持平衡的社會。

姑且讓我們看一看十九世紀後半時的俄羅斯的狀況吧！托爾斯泰、屠格涅夫、普希金、崔霍夫、杜斯妥也夫斯基等，如此多知名且偉大的作家，生存在同一時代的同一國家裡，這種情況在歷史上大概不曾有過吧！但是，他們所生活的社會（俄羅斯帝國），到了現在也瓦解、消滅了。為了發揮創造性，必須要有混亂。混亂有趣且刺激，而且會為我們開闢新的機會。

如果太過於有秩序的話，是不可能變成富有創造性的。因為不論大小事，全部都規定好正確的作法了。在十九世紀時歐洲發生工業革命的好幾百年以前，在中國早就已經具備了工業革命所需的技術了，但是，因為對秩序的要求，而創造出新技術無法有所發展的環境。

但是，同時，為了活用創造性，改變人類的生活條件而使得人類生活水準有所提昇，也需要有某種程度的秩序。只要看一看阿富汗和柬埔寨就可得知，

純粹的混亂無法產生出任何有價值的東西。

人類之所以是人類，是因為擁有這種多樣的特質、欲望、欲求。但是，事實上，在今日的經濟情況下，似乎只以個人消費作為正當的經濟目標。可惜的是，完全忽視掉我們與其他動物不同之處，而只將和其他動物相似的一點作為唯一正當的社會、經濟目標。

在現代的經濟理論，只有個人消費才能產生利益，也就是個人效用。其他所有的事情，被視為不過是為達到目的的手段而已，與其說是利益，毋寧說被視為一種成本。投資到底會被認為是為了擴大將來的生涯消費所必須的。所有的投資活動，都要在因投資所產生的消費利益的價值，比因投資所課徵的成本（也包含現在的消費）大的條件之下，而將之合理不可。

未來和現在的消費利益，是由時間軸的計算所決定的。也就是說取決於要說服某人放棄今天一美元的消費量，在將來的某個時點某人一定會得到的消費量。為了擴大我們生涯消費的總量，投資是必要的，但是在這方面和利益及個

人效用沒有直接相關的情形之下，投資本身是不為人所評價的。

雖然說是自由市場經濟，但是就有關投資活動的結果而言，其實多是指導型的而且十分有限制性的。應該只從事符合能夠產生正面且有現在實質價值基準的投資活動，而認為應該停止所有會產生負面價值的投資活動。自由市場真的是為了執行這種經濟理論的命令而存在的。

但是，如果變成個人消費活動的問題，則其基本原則就一百八十度大轉變，變成完全非指導形的。對於任何的消費模式，變成都是開放式的。個人有任意使用其金錢的權利，誰也無權指責他人的消費是愚蠢不智的行為。政府也好，企業也好，如果不能有效率地分配支出的話，會受到指責，但是如果是個人的話，則不會受到責難。那個人，可以自責自己犯了錯誤，或者因自己的判斷而做了浪費支出的事，但是別人誰也無法批評他犯了錯。

為了理解現代經濟學的中心命題，去回想起經濟學在某一個重要的層面，與其他所有學問的領域是完全不同，是十分重要的。那就是，經濟學擁有「應

該如此」理論——也可稱之為神學的一種——經濟學者提及確立自由市場的優點。因為唯有在自由市場之下，才能使個人消費極大化。經濟學者談到有關於要去除市場的缺陷（壟斷、稅金、法律的規制）。因為這些因素束縛自由市場，也就是阻礙個人消費極大化的實現。和經濟學者相對照的是，研究神學的人，不談及神的缺點、學者所觀察到的符合他們所提出的理論一般，也不提及要去掉宇宙的一些什麼現象。在神學研究的領域裡，並不存在關於神的最佳定位的規範性理論。

在此經濟理論之中，人類與動物是不同種的，其特質本身完全被遺忘了。在前面也已提到過了，如果要摘述人類固有特質的話，我們或許可以說，人類是從創造、建設一事當中而能獲得利益和效用的「社會建造者」。人類在享受「消費商品」一樣地享受「投資商品」，基於此，身為人類才能覺得自豪。人之是否在其社會地位方面感到自豪，這可說是取決於那個人的社會條件。

在過去長期以來繁榮的社會，有很多人在乎社會地位，而有重視集體長期

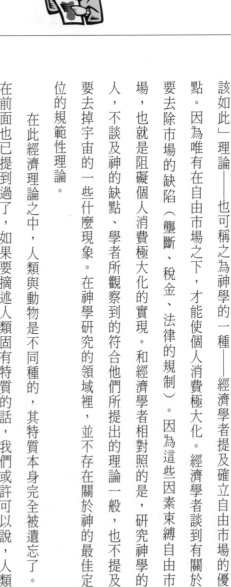

的繁榮而勝於自己個人的利益的這種特徵。羅馬帝國就是這一種社會的其中之一，但是在此社會裡，人人認為建造公共建築物比建個人的房子來得更重要。

但是，在現代的情況之下，社會條件的決定全部都在於搧動個人消費至上主義，而朝向其他東西都完全不重要的方向作思考。藉由最新電子媒體廣告的出現，花費龐大的廣告費以促進個人的消費，但幾乎不為強調投資商品及集團商品的重要性的廣告花任何錢。

隨著冷戰的終結，社會教育、公共建設、研究開發活動已經不能基於防衛性的理由，而將這些投資合理化。就如同敵方已經無法取得軍事上的優勢一樣，也不需要去做社會投資。似乎必須藉由社會的合作以共同防禦的外敵不存在了。

由於取代資本主義的制度——社會主義的消滅，資本主義倒退回更嚴格的過去的「適者生存」的心理狀態。因為在政治方面失去了競爭對手，資本主義就變得沒有必要主張，不僅能夠照顧到居於食物鏈頂點之人的需要，而且也能

照顧到全體人口的需求。因為強調社會合作的替代的社會體系，其作為資本主義的競爭對手的立場已經不存在了。

二十一世紀的成功取決於「創造的環境」

創造性，以及能夠接受並進而培育創造性的環境，將成為二十一世紀成功的中心要素。

為什麼美國的兩大高科技區域在矽谷工業區及１２８公路呢？有一部分的答案是，這兩地區有優秀的教育機構（柏克萊大學、史丹福大學、哈佛大學和麻省理工學院）。但是，美國除了上述知名大學外，也有其他優秀大學。這些高科技地區真正的起源，可說是在於金融機構只要有好的點子就樂意提出資金，而不要求資產擔保的借貸給研究機構作研究。

此外，社會學的要素也扮演著很重要的意義。年輕的工程師如果想從雇主那裡獨立出來而自己創業該如何是好呢？他過去的雇主及其他大規模的雇主們如果把他當作是背叛者來看待，在這種意識形態之下，雇主們就會拒絕購買他所生產的物品吧！如果情形是這樣的話，則該新企業面臨破產及倒閉的可能性很高。為什麼呢？因為新公司幾乎都是先從把零件賣給原來的公司開始經營起來的。要同時取得商標名、廣告、零售店的陳列空間是一件很困難的事，新企業一般而言很少會直接針對一般消費者來銷售。

如果企業家的新興企業失敗了，那又將變成如何的情況呢？新的企業幾乎都會失敗，則該企業家就會變成不去找工作不可。新的雇主們會永遠把他當成失敗的人來看待，而不願去僱用他嗎？或者，雇主知道，即使企業家個人沒有犯錯，新興的企業也幾乎都會失敗，而願意把他當作是一位充滿意志力、獨創性、勤勉、優秀且精力充沛的勞動者來看待嗎？（矽谷工業區及128公路是如此作）如果是採前者的態度的話，則幾乎不會有人會願意出來開創新的事業

吧?!因為個人所要承受的風險太高了。

不管現在的企業家精神的程度如何，能夠採取一些措施以擴大企業家精神。且讓我們來想一想筆者的老闆——（麻省理工學院的情況）吧！麻省理工學院的畢業生和教職員工，創造了四千個企業，這四千個企業僱用了一百一十萬人，創造了兩千三百二十億美元的銷售額。光是由ＭＩＴ所創始的公司就締造了在世界經濟規模下第二十四名規模的經濟。很明顯地，ＭＩＴ保有企業家精神的傳統。

但是，在這十年之間，這種傳統有計畫地成長起來。在ＭＩＴ的專利事務所，其方針從販賣專利權轉變為保有使用該項專利技術公司的股分。如此一來，使用ＭＩＴ所發明的技術而創業的情況，成本會變得很低就足以成立一新公司。至於已經開始經營新企業的人們，也能去教育並指導此後想創立新事業的人們，而成立所謂ＭＩＴ企業研討會這類的組織。

為學生們舉辦新事業計畫的競賽，優勝者可以得到五萬美元的獎金。但

是，獎金本身變成其次的。為什麼呢？因為有很多學生們所發表的計畫（也包括沒有獲獎的計畫），向有出席該項競賽的新興事業資本家借到貸款。五年前，ＭＩＴ開始頒發給當年美國最優秀的發明，ＭＩＴ獎（五十萬美元的獎金）。頒發給當年最優秀的ＭＩＴ學生發明家，給與三萬美金的獎金。這些都是在支持並擴大建立新企業的這項既存的傳統上所做的努力。

但是，還有更重要的事。如同要有人出資金給優秀的建築家才能建築出偉大的建築一樣，擁有富創意的重大突破性技術的知性之人也必須要有能夠採納並接受創新思考的社會體系才可以。

如果想要在未來新的成長產業中競爭而獲得成功的話，其創造性的思考一定要利用創新且具突破性的技術而成立新公司，並且快速地使之發展為大規模的公司不可。

舉例而言，我們來比較一下美國和歐洲的情況。我們來看一下一九六〇年和一九九六年在美國排名前二十五名大型企業（以當時股價總額為基準）的名

單，在一九九六年名列全國前二十五名大企業的名單中，其中有六間公司在三十六年前不是不存在，就是規模還相當小。英代爾公司也好，微軟公司也好，在一九六〇年時並不存在。我們也一樣來看一下西歐在一九六〇年和一九九六年，前二十五大企業的名單，西歐在一九九六年，排名前二十五名的大企業全部在一九六〇年就已經是大企業了。換句話說，歐洲在戰後完全無法使新企業有重大的發展與突破。

這是很重要的事。因為過去的大型企業，幾乎都不能成為有重大突破創新技術的領袖。老企業十分不善於先把自己破壞掉，再積極地利用逐次展現出的新機會。

來想一想在本書的序章也提到過關於半導體的例子。就是在貝爾（ＡＴ＆Ｔ）研究所發明後不久，ＧＥ研究所也獨自研究開發出來。ＧＥ雖然在真空管方面占有支配性的地位，但是把半導體的開發計畫讓給真空管部門。但是，真空管部門延遲了半導體的開發。結果半導體逼得真空管部門陷入停工的苦境，

但是ＧＥ靠自己而已無法完成這一切。到今天為止，有很多人也主張ＧＥ是美國最大的企業，最成功的企業，但是ＧＥ在半導體產業裡並不是扮演著重要的角色。不只是ＧＥ如此而已，五家真空管廠商當中，沒有一家公司能成功地生產半導體。

相同地，在世界的主要製藥公司當中，沒有一家公司在生物工學的開發方面，能夠扮演指導性的角色。所有的製藥公司都不是靠自己去從事開發，而是買收新的生物工學的公司。

由於相同的理由，有歷史的大企業，通常沒有好好認識新技術所帶來的價值。ＩＢＭ公司曾擁有英代爾公司百分之二十的股分，但是後來把其所持股分完全賣掉。如果，到現在還持有這些股分的話，ＩＢＭ公司的市場總價值將提昇將近百分之三十的價值左右。

相同地，在今日主要的零售業，將不會成為電子零售業所控制的企業吧！如果他們積極地投入新的技術的話，則他們會比外部的電子零售業者得到他們

現在的顧客還要快的速度，親自去贏回這些被搶走過的顧客的青睞。

就短中期而言，緊緊抓住舊有的技術比較容易產生利潤。美國最大的零售業溫・瑪特（Wal-Mart）在最近開設了電子商店，但是特別注意把電子商店裡商品的價格定得比實際商店裡的價格稍微高一些。但是，電子零售業的優點在於，其開設商店的成本較少，價格變得相當便宜。但是溫・瑪特公司不能夠投注太多的資金，開設好幾千家的電子商店，積極地採用這種先進的新技術。如果真的積極採用新技術的話，長期間下來，結果將變成要自己去負擔損失的情況。

歐洲和日本的金融機構，其社會學、社會法規及規制、大學等，有必要從為了創造更好的環境以利新型大企業有所發展的觀點，再重新作檢討。

新時代的經濟競爭、三個等級

在下一個世紀，經濟競爭將以三個等級來展開吧！

1.國家和地區的次元——如果認為哪一個地區，其所有的國民能得到世界第一級的所得，則該地區的國民，每一個人都非擁有不能輸給世界其他國家國民的技能和教養不可。接下來，這些有如此高度熟練的勞動者，也一定要與世界級的電氣通及運輸方面的基礎建設有所接觸不可。如果，他們將來參加未來新的智慧型產業的話，他們的國家一定會成為在此領域內能將可能性發揮到極致的研究開發的領袖不可。

2.企業的次元——企業將基於所僱用的技能水準、所作的資本投資、技術的強度、在地球規模之下所擁有的供給源及販賣能力來進行競爭吧！新創立的

企業快速地成長為超大型跨國企業一事，將成為成功的重要因素。社會的規制及社會的態度，一定要能夠包容產業的柔軟性不可。

3.個人的等級——個人將積極地自我充實知識及技能，參與自己的競賽。

日本也很可能在這三個層次都相當地成功，但是那將是非與現存的日本大不相同不可。對於將來而言，去理解「建設者的競爭」基礎，積極地推動必要性的改革，將變成極為重要的事。

後記

探險精神的復活

日本如今為了更加進步

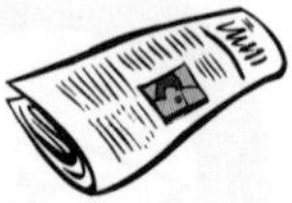

一九九〇年代，日本在泡沫經濟瓦解後，經歷了七年經濟方面慘淡的歲月。在一九九七年末所發生的銀行及證券公司的倒閉，只不過是日本經濟苦難的一種結果而已。日本經濟還無法擺脫戰後為期最長的不景氣，政治家也好、經濟學者也好，都試圖想哄騙日本國民，但前途似乎仍然是一片茫然。

在今日，日本人為了向前邁進，有必要使新的探險精神復活或者重新再創探險精神。經過了好幾個世紀，武士道精神一直以來都成為日本的一種特徵。接著，即使在戰後的重建時期，日本人為了趕上西方各國，強調忠誠、勤勉、自我犧牲的武士精神也可說是有所貢獻。但是，日本現在的狀況，與其說是武士道精神，毋寧說好像是既沒有主人也沒有目的而到處流浪的武士。

第二次世界大戰後的武士道精神，是「要趕上美國」，這個目標已經達成了。所謂追上的動作，只能有一次。現在是日本人該找尋新的視野、設定新的目標，朝向新的地平線向前邁步的時刻了。如果沒有遠景的話，就不能重振精神，回復經濟的活力。

或許，類似武士道的精神已經變得不太適用於現今的社會了。主人雖然應該去教導武士該去做些什麼，但是在已經追趕上對手的世界裡，制定競爭法則的主人並不存在。如今，日本不親自來規定法則及目標不可，然而，這也可稱為新的殘酷狀況。因為無法從在目前為止既存的架構中找到答案，所以有必要去超越既定模式的思考方式和作法。只是更賣命地去奮鬥，更熱心地持續著過去的作法，已經不能順利地面對未來。

如果沒有遠見就不能向前邁進。但是，在日本所擁有關於世界的遠見裡，或者甚至呈現在這個世界眼前的目標裡，存在著很多的曖昧不明的地方。

日本在亞洲是否將扮演指導性的角色，是否能承擔這種職責呢？日本雖然擁有足以在亞洲成為領導角色的經濟實力和技術水準，但是在這些實力中是否蘊含著適當的包含性的遠見及有效的政治冒險心呢？

日本過去所經常使用到的詞彙裡，有如下的比喻，把亞洲比喻成飛行的雁群，而把日本比喻成雁群的領袖。筆者曾開玩笑地說道，這證明了日本人對於雁子一無所知。實際上在雁子的編隊裡，領航的雁子會定期的更替。因為沒有一隻雁子能有充沛的體力，能一直飛在前方擔任領航的角色。在亞洲的領導權的問題是需要有相當程度的慎重性。因為，不僅只基於歷史上的原因，在各國經濟發展的水準上，其各國的差距也相當大。

另一個基本的課題是，日本是否希望中國在經濟方面變得強大起來呢？盡可能讓中國停留在積弱的狀態的戰略下所採取的措施，和認為鄰國是富國比較好的情況下所要採用的措施是完全不同的。今日所採取的措施，和未來的視野及策略有關。

日本是否準備了能夠從現有的資本主義而巧妙地過渡到未來的代替模式，以促進未來穩固的經濟發展。

日本是否具備努力解決全球性問題的意志和能力呢？從種族紛爭的問題，到真正的全球一致性問題、乃至地球的環境問題。

不得不去面對這些問題、回答這些問題的人，就是日本人自己。日本人自

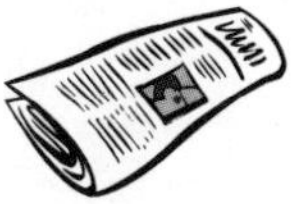

己一定要去設定新的目標、定義出自己在世界上，以及在面對世界的視野。為了日本的將來，誰也無法決定日本應往何處去。只有日本人能夠為此作決定。

且讓我們再重新溫習一下克里斯多法・哥倫布的冒險及之後他被推崇為歷史上最偉大的探險家一事中所得到的教訓。真正重要的事，不是頭腦有多好，有多幸運。真正重要的是在於探險新的未知活動之路的意志力。揚帆出發前往未知的海域的意志力、勇氣，才能真正使我們有所成長。然而，現在正是我們該鼓起勇氣，出發從事探險之旅的時刻了！

經濟探險──面對未來挑戰的方針　　NEO系列 3

作　　者／Lester C. Thurow
譯　　者／楊雯琇
出 版 者／揚智文化事業股份有限公司
發 行 人／葉忠賢
總 編 輯／孟　樊
執行編輯／閻富萍
登 記 證／局版北市業字第 1117 號
地　　址／台北市新生南路三段 88 號 5 樓之 6
電　　話／(02)2366-0309　2366-0313
傳　　真／(02)2366-0310
印　　刷／偉勵彩色印刷股份有限公司
法律顧問／北辰著作權事務所　蕭雄淋律師
初版一刷／1999 年 6 月
原文書名／ The Age of Economic Exploration

南區總經銷／昱泓圖書有限公司
地　　址／嘉義市通化四街 45 號
電　　話／(05)231-1949　231-1572
傳　　真／(05)231-1002

ISBN　957-818-014-4
網址：http://www.ycrc.com.tw
E-mail：tn605547@ms6.tisnet.net.tw

國家圖書館出版品預行編目資料

經濟探險：面對未來挑戰的方針／Lester C.
Thurow 作；楊雯琇譯. -- 初版. --臺北市
：揚智文化，1999〔民 88〕
面：　公分. --（NEO 系列；3）
譯自：The age of economic exploration

ISBN 957-818-014-4（平裝）

1.國際經濟 2.經濟預測 3.未來社會

552.1　　　　88006219